好奇心杂货铺

《经济学人》的万物解释

[英]汤姆·斯丹迪奇 编著　劳佳 译

浙江人民出版社

图书在版编目（CIP）数据

好奇心杂货铺：《经济学人》的万物解释 / (英) 汤姆·斯丹迪奇编著；劳佳译. — 杭州：浙江人民出版社, 2018.8

书名原文: Go Figure

ISBN 978-7-213-08691-5

Ⅰ.①好… Ⅱ.①汤… ②劳… Ⅲ.①科学知识—通俗读物 Ⅳ.① Z228

中国版本图书馆 CIP 数据核字（2018）第 053211号

浙江省版权局
著作权合同登记章
图字：11-2018-235号

好奇心杂货铺：《经济学人》的万物解释
HAOQIXIN ZAHUOPU：JINGJIXUEREN DE WANWU JIESHI

（英）汤姆·斯丹迪奇　编著　劳佳　译

出版发行	浙江人民出版社（杭州市体育场路 347 号　邮编 310006）
责任编辑	徐婷
责任校对	徐永明
封面设计	沐希设计
电脑制版	壹原视觉
印　　刷	三河市冀华印务有限公司
开　　本	700毫米 ×980 毫米　1/16
印　　张	12.25
字　　数	160千字
版　　次	2018 年 8 月第 1 版
印　　次	2018 年 8 月第 1 次印刷
书　　号	ISBN 978-7-213-08691-5
定　　价	42.00元

如发现印装质量问题，影响阅读，请与市场部联系调换。
质量投诉电话：010-82069336

目 录

Contents

GO FIGURE

Chapter 02

Chapter 03

全球奇观：有些国家的独特做法 /51

Chapter 04

数字：真相不多 /69

Chapter 06

Chapter 07

简介

踏入未知的旅程

唐纳德·拉姆斯菲尔德分别在1975年至1977年，以及2001年至2005年担任美国国防部部长。他出名的事情有很多：他是美国灾难性入侵阿富汗和伊拉克的吹鼓手之一，还制造了伊拉克阿布格莱布监狱折磨和虐待囚犯的丑闻，而且他诡异地发布过一个iPhone应用，是温斯顿·丘吉尔所作的一个极其困难的单人纸牌游戏变体。除此之外，“未知的未知”的想法也是因他而流行开来的。2002年的一场新闻发布会上，在回答关于缺乏证据证明伊拉克向恐怖主义集团供应大规模杀伤性武器的问题时，拉姆斯菲尔德说：

我一直觉得那些声称某事并未发生的报道非常荒谬，因为正如大家所知，有些事是“已知的已知”，我们知道我们知道；有些事是“已知的未知”，我们知道我们不知道。然而还有“未知的未知”——有些事我们不知道我们不知道。

“未知的未知”的概念并不是他的原创，风险评估和项目管理的圈子里会用到这个概念。但拉姆斯菲尔德对这个术语的使用让它成了流行词。当时他的解释被很多人嘲笑是在打官腔，他被“简明英语运动”授予“不知所云”奖。这是不公平的。他指出了关于知识的本质和局限性的一个哲学要点，基于一句据称是苏格拉底说的老话——聪明的人知道他不知道。苏格拉底从来没有真正说过这句话，不过用它来总结苏格拉底的观点倒还不错。在柏拉图《申辩篇》中，他被描绘成在探索智慧的本质，并得出结论——“在一个领域有知识会让你在其他领域也更为智慧”是一个危险的假设。换句话说，苏格拉底认为，智慧包括了解自己的知识局限性。这被称为“苏格拉底式无知之知”，用拉姆斯菲尔德的话来说，就是“意识到已知的未知”。

本书的目的是以《经济学人》的解释和可视化的形式，提供一系列有意思的拉姆斯菲尔德式和苏格拉底式的未知：从我们的“解说者”博客“经济学人解释”中选择的一组文章，以及来自我们的数据博客“图形化细节”的图形、地图和图表。拉姆斯菲尔德式未知是你不知道你不知道的事情：为什么瑞典的交通事故死亡人数如此之少？一个婴儿怎么会有三个父母？为什么这么多死囚最终老死？苏格拉底式未知则包括你可能暗自思忖却还没有去网上搜索的东西：飓风的名字是怎么来的？依据《经济学人》的比较性、全球化和数据驱动的世界观，我们也考虑了某些国家与众不同的做法（为什么日本有这么多成年人被收养？）、经济上的怪事（反对最低工资标准的经济理由）、休闲相关的异状（为什么经济衰退时人们喜欢比萨饼？）、技术难题（技术如何让时装周变得过时？）和科学奇闻（如何寻找时光旅行者？）。

毫无疑问，有些问题的答案你已经知道了，但我们希望每一位读者都能体验头脑中突然点亮灯泡的时刻，享受意外的启发。你还记得在学到新的、意外的东西的时候，那种头脑得到伸展的感觉吗？这就是我们希望每周通过《经济学人》提供的东西，这本书也是如此。我们希望你能够喜欢这场旅途，或至少是几次远足，前往未知——无论是已知的还是未知的。

《经济学人》副主编：汤姆・斯丹迪奇

Chapter

01

头脑伸展：

你不知道你不知道的事

GO FIGURE

文身对你的就业前景有何影响

在曼哈顿市中心的北极星文身店，布列塔尼炫耀着她的作品：两只脚上文满了一幅受班克斯涂鸦启发的画。她现在是纽约大学的学生，希望有一天能成为一名律师。“这就是为什么我在脚上文身，”她说，“比较容易隐藏。”文身曾一度是囚犯、水手和马戏爱好者们的专利，如今则成了许多人的一种良性成年礼。在美国，五分之一的成年人有文身，40岁以下的人中五分之二有文身。有文身的女性人数超过男性。但是，有文身的人找工作时会怎么样呢?唉，不是每个人都有布列塔尼的见识。

根据苏格兰圣安德鲁斯大学的安德鲁·蒂明（Andrew Timming）的研究，虽然文身越来越流行，但仍然表现出一定程度的叛逆，这对求职者可不利。在2013年发表的一篇研究文章中，蒂明博士和他的同事会让参与者根据求职者的照片进行评估，其中有些照片做了修改，在脖子上加了一个文身。有文身的候选人尽管同样合格，却总是排名较低。在另一项研究中，蒂明发现许多服务行业的经理对显眼的文身特别敏感，在为涉及与客户打交道的工作招聘时尤为明显。2011年在就业网站凯业必达（CareerBuilder）上进行的一项调查发现，31%的美国雇主说可见的文身是最有可能阻止他们为一个人升职的个人属性。一些工作场所对文身的态度更为开放：一位监狱服务经理解释说，有文身者更容易与囚犯沟通感情。顾客更为年轻的公司也对文身者较为友好。但总体而言，文身越显眼，求职者就越“令人厌恶”——即使老板有文身也不例外。

这种偏见似乎不合时宜，但并不是毫无依据。实证研究长期以来都将文身与寻求风险的行为，如吸烟、酗酒以及更多的性伙伴联系在一起。有文身的人更有可能携带武器、使用非法药物或被逮捕。“如果文身较大，或数量较多，这种关联就更强。”得克萨斯理工大学的社会学教授杰罗姆·科赫（Jerome Koch）如是说。这可能有助于解释为什么美国陆军决定在2014年恢复旧的仪容标准：限制文身的大小和数量，禁止颈部、头部和手部文身，也禁止了可能被视为种族主义、性别歧视或不恰当的身体艺术。修改的目的是要提升纪律和专业精神。然而负责在亚利桑那州募兵的泰勒·斯图尔特少校说，这种规定让募兵更困难了。他的营一周就要拒绝50个有文身的人。

一些渴望参军的士兵和其他求职者通过去除文身来解决问题。根据市场研究公司的报告，去除文身的人数已在过去10年里激增440%。在北极星文身店，布列塔尼的朋友正在手腕上文一个问号，这样的买家要反悔的希望看起来很渺茫。“我不觉得这会对她的就业前景有帮助，”布列塔尼说，“不过希望它也不会有坏处吧。”随着更多有文身的叛逆者升任董事会成员，行为统计数据注定要改变。不过就现在而言还是要讲究一点策略：盖住你的文身——至少在求职面试的时候。

一个婴儿怎么能有三个父母

大约每6500个婴儿中就有一个婴儿出生时线粒体失活。线粒体是几乎每一个细胞中微小的发电厂，从食物和氧气中释放能量。这种疾病可能导致一长串的问题——全都令人不快，其中许多甚至是致命的——糖尿病、耳聋、重症肌无力和渐进性失明，以及癫痫、肝衰竭和老年痴呆症。很多患病的婴儿在出生后不久便夭折了，其他幸存者则要面临长期的疾病缠身。目前，这种疾病是一场不得不忍受的悲剧。但英国和美国的医生正在研究一种治疗方法。如果他们可以完善一种新技术，并且可以说服世界各国政府将它合法化，这将标志着医学史上一个重要时刻的到来，而且不只是为了它将带来的好处。一方面，通过这项技术出生的婴儿将拥有三个人的DNA——母亲、父亲和无关的卵子捐献者——而不是通常的两个人。这种基因治疗如果获得许可，不仅仅会影响接受治疗的个人，还会影响其后代。这是如何工作的呢？

治疗的机理在于线粒体并不只是活细胞中的一个无关紧要的部分。它们是10亿年前细菌的遥远后代，这些细菌放弃了自由的生活方式，与其他细胞建立了共生关系。因此，线粒体拥有自己小小的基因组，与位于细胞核中大得多的一块DNA完全分开。婴儿会分别从母亲和父亲那里继承几乎等量的“核DNA”。但婴儿只从母亲那里继承线粒体：每个线粒体都是母亲卵子细胞中线粒体的后代。虽然英国和美国的研究人员采用不同的技术，其基本思想是相同的：给婴儿一整套由另一位女性捐赠的、完全正常的线粒体。科学家们拿到一个线粒体损坏的卵子，取出细胞核（和它包含的DNA），移植到去除了细胞核但线粒体工作正常的捐赠者的卵子中。其结果是婴儿会像平常一样从母亲和父亲那里继承“核DNA”，但却从卵子捐献者那里继承线粒体。

对某些人来说，一个婴儿在基因上与三个不同的人相关实在太让人不安了（一些伦理学家称之为“恶心的因素”）。然而在英国负责监管生殖治疗的人类生殖与胚胎学管理局（HFEA）发现，在向作为样本的英国公众解释了这一过程后，大多数人表示支持。生物学的细节可能有帮助。包含在线粒体中，即来自于卵子捐献者的DNA的量很少：人类线粒体DNA只编码了37个基因，而细胞核中的DNA则有超过2万个基因。而且线粒体只涉及细胞的低层次基本运作。所以，这样的孩子绝不会有卵子捐献者的眼睛、头发或个性。

这并不是说科学家们毫不担心。HFEA在2014年6月发表的一份报告中指出，对技术问题仍有一些顾虑，比如捐献者的线粒体DNA可能和外来的“核DNA”不兼容，而两者之间必须要互动。而且，治疗所造成的修改也将传递给利用这一技术出生的所有女性的后代，对于这一点也有些顾虑。因此，线粒体替换将成为第一个影响代代相传的基因治疗。HFEA推荐再进行一些测试来研究这些未解决的问题。但科学家们的主要结论是，到目前为止，没有证据（包括动物实验在内）表明治疗可能会有危险。当然这并没有打包票。但是，正如专家小组指出的，我们必须在这些不可知（或可能根本就不存在）的风险与什么都不做造成的非常现实的苦难中权衡。不过，似乎英国政府已经信服了：它在2015年2月通过了一项法律让这一疗法合法化。因此，几年之内，有三个父母、没有疾病的婴儿就将变为现实。

婚姻如何使人更健康

婚姻和健康之间的联系是证据确凿的。不过我们还不太清楚到底是婚姻让人更健康还是反之；也许仅仅是当初更健康的人就更有可能结婚。巴塞罗那自治大学的一组研究者——内兹·甘那（Nezih Guner）、尤丽娅·库利科娃（Yuliya Kulikova）和琼·柳利（Joan Llull）研究了20岁至64岁的美国人数据，试图找出因果关系到底是怎么样的。婚姻使人更健康吗？

他们发现，在控制了收入、年龄和种族等因素后，已婚人士和单身人士之间自我报告的健康状况差距仍然存在，并且会随着时间推移而增加，从年轻时的3个百分点，到55岁至59岁时12个百分点的最高峰。（同居人士在研究中被定义为单身，但是研究人员也测试了将其归于已婚群体时的影响。结论是：影响不大。）接下来，他们跟踪个人健康随着时间的变化，以分离出健康中受先天长期影响的部分。这让研究人员能够补充一个因素，即有来自于良好基因的身体和个性特点的人本来就更有可能结婚。一旦考虑到这一点，在低于39岁的年龄组，已婚人士及单身人士之间的健康差距就消失了。这表明在年轻时，婚姻对健康没有影响。相反，因果关系是倒过来的：数据表明先天健康会提高结婚的概率。

但对于年纪大的人来说情况就不一样了。在55岁至59岁年龄组，已婚和未婚人士的健康程度还有6个百分点的差异，这个差异无法用先天健康来解释。研究人员由此得出结论，随着时间推移，婚姻似乎会给亲密关系添上一定量的健康，他们戏称之为“保护作用”。

这种效果是如何产生的呢？保险是一个因素，至少在美国，单身者有健康保险的可能性比已婚者要低。但另一个因素可能是行为上的。婚姻似乎鼓励更健康的行为：单身的人结婚后，其戒烟的可能性上升了13个百分点。已婚者更有可能比未婚者进行一系列预防性健康检查——在50岁至54岁年龄组，进行胆固醇水平或前列腺、乳腺等检查的可能性提高了6%左右。所以下次你的爱人唠叨着让你去看医生的时候，要感恩。结婚对你的健康有益。

婚姻的祝福

健康状况良好的比例*

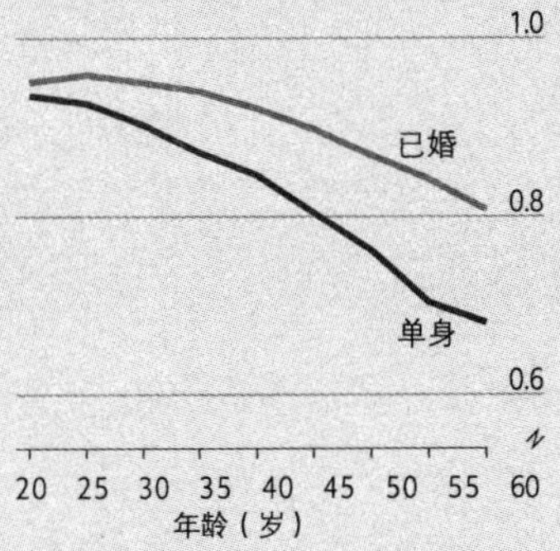

来源：N. 古纳、Y. 库里科娃、J. 尤伊

已婚人士参加各项体检的概率超出单身人士的差额

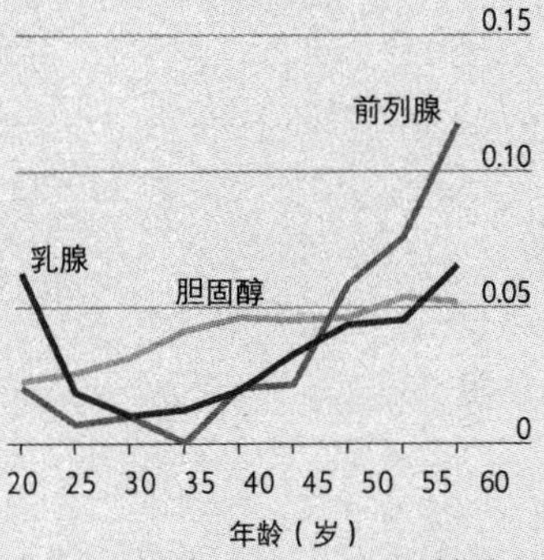

*自我报告

为什么瑞典的交通事故死亡人数如此之少

在2013年，瑞典道路交通事故的死亡人数是264人，创下新低。自1970年以来，瑞典使用的汽车数量和驾驶里程数都已经翻倍，同期道路交通死亡人数却下降了五分之四。瑞典的公路已经成为世界上最安全的公路，每年每10万个瑞典人中只有3人死于交通事故。相比之下，整个欧盟的数字是每10万人中5.5人，美国是11.4人，多米尼加共和国是40人——这是世界上交通事故死亡率最高的国家。纽约等其他城市如今在试图复制瑞典的成功。瑞典是如何做到的呢？

在富裕国家，交通事故死亡人数在20世纪70年代达到顶峰，但自从在汽车本身以及其行驶的道路上采取安全措施之后，这一数据正在逐渐下降。（相形之下，贫穷国家的死亡人数不断增加，这是由于汽车销量加速增长。）1997年，瑞典议会把“零愿景”（Vision Zero）计划写进了法律，承诺要完全消除道路伤亡。“我们完全不接受在我们的道路上发生任何伤亡。”瑞典国家运输局的汉斯·伯格（Hans Berg）说。瑞典人相信——现在也在证明——他们可以同时获得交通便捷和安全。

规划对于减少事故的贡献最大。瑞典的道路建设将安全置于速度或方便之前。低城市限速、行人专用区以及将汽车与自行车分隔开来的屏障都有帮助。建设1500千米的“2+1”道路——每个车道轮流使用中间车道超车——估计在“零愿景”的第一个10年已经拯救了约145个生命。还有12600个更安全的通道，包括人行天桥以及被闪烁灯光和减速带环绕的斑马线。据估计，这将过去5年的行人死亡人数降低了一半。严格的巡查也有帮助：司机酒精测试超标的比例低于0.25%。道路交通死亡的7岁以下儿童数量直线减少——2012年仅有1人死亡，而1970年时是58人。

瑞典人能不能达到他们的“零”目标？道路安全的倡导者们有信心，这是可以实现的。死亡人数自2000年以来减少了一半，进展良好。接下来可能是要进一步减少人为错误，例如，通过内置酒精探测器，让汽车对酒后驾驶发出警报；加速实施新的安全系统，如超速或解开安全带的警报也会有好处。最终，汽车很可能根本就不需要司机了。这并不像听上去那么遥远：有几种型号的车已经可以在某些情况下，如高速公路上自动驾驶，而自动驾驶汽车的事故也比人工操作的车少得多。沃尔沃于2017年与瑞典运输部合作，在瑞典哥德堡开展无人驾驶汽车试点。没有了驾驶水平飘忽不定的司机，汽车可能最终会成为最安全的交通工具——瑞典将更接近它的目标。

建筑高人一等

世界正处于一股建设摩天大楼的热潮中。2014年落成的高层建筑数目创下了纪录，世界上最高建筑的纪录被打破的频率和引人注目的程度前所未有，特别是在中东地区。总体而言，人类对于摩天大楼的热衷已经和对经济的追求拴在了一起。每年落成的最高建筑的高度随着经济起伏而变化。自1885年以来，年度高度纪录每次上升10英尺（约3米）。自1960年以来，这一步伐已扩大到了16英尺。

直到1990年，最高的建筑物几乎总是建在北美——建在美国，或是在经济疲软时会建在加拿大。第二次世界大战前后，我们看到了少数欧洲和南美的例外，位于俄罗斯和巴西等国。但自1990年以来，接力棒已从北美，通过马来西亚、中东等国家和地区传到了中国。（迄今为止，世界最高建筑的桂冠由迪拜哈利法塔持有。）建筑越来越高，这可能会让建筑爱好者们高兴，但在财务意义上是否说得过去就是另一个问题了。就经济回报率而言，建设的理想高度自1930年以来可能就没有太大变化，而当时的估计（在纽约）是63层。今天的建筑正朝着170层以上盖。

但罗格斯大学的3位学者在2015年发表的一篇论文中将3个国家（美国、加拿大、中国）每年建成的最高建筑物的高度与人均国内生产总值（GDP）做了比较。他们发现，GDP和摩天大楼的高度呈“协整关系”，这是表示两件事相互影响的一种花哨的说法。换句话说，开发商似乎是在最大化利润，理性地通过把楼越建越高来回应收入的上升（和对办公空间需求的上升）。虽然自负和傲慢无疑困扰着摩天大楼市场，但笔者认为其基础看起来还是牢固的。

摩天大楼

全球每年竣工的最高建筑（米）

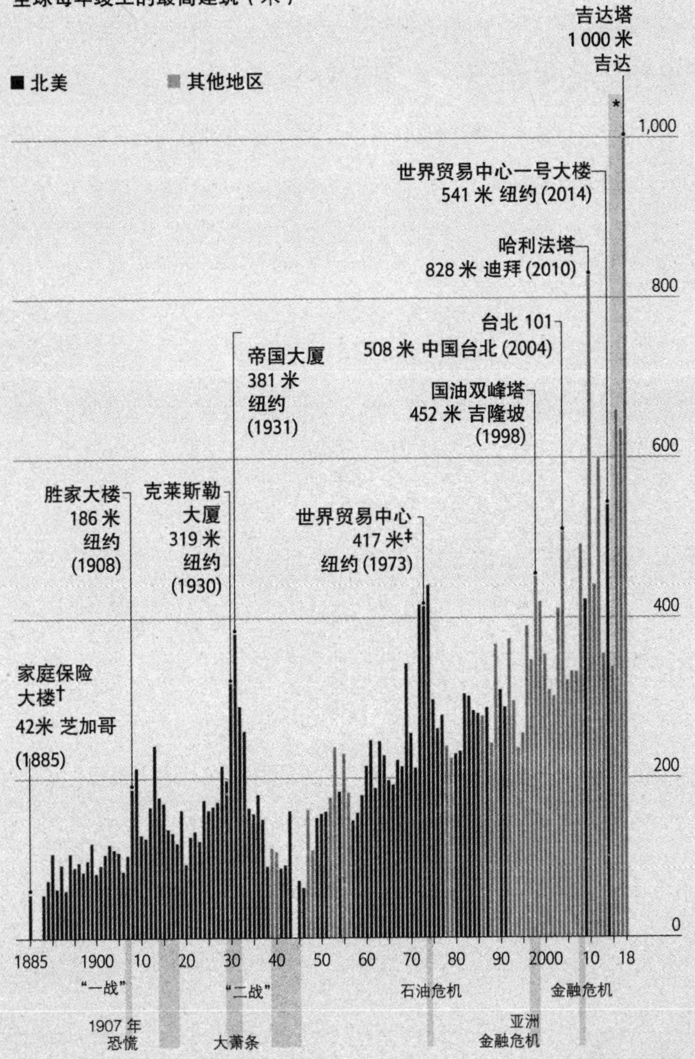

*预测，在建中

†被视为世界上首座摩天大楼

‡不包括天线 / 尖塔

来源：J. 巴尔、B. 米兹拉赫、K. 门德拉、J. 罗；世界高层建筑与都市人居学会

为什么第一次世界大战名不副实

全世界——或者至少那些参加了当初战争的国家——最近开始对第一次世界大战产生很大的兴趣。从1914年6月28日奥匈帝国王位继承人被波斯尼亚民族主义者暗杀，到8月1日德国对俄罗斯和法国宣战，并把他们的盟友英国拉进了战争——这场大战近乎偶然性的开端让历史学家着迷。随之而来的恐怖吸引了每一个人，虽然吸引他们的方式十分不同。但这场冲突配得上它的名字吗？这无疑是一场世界大战。但它肯定不是第一次。“第一次”的桂冠应该属于1754年至1763年的战争。战火直到1756年才烧到欧洲，因此也被称为“七年战争”。但它是真正的全球性战争。除了澳大利亚，每个有人居住的大陆都发生了战斗，并且三块大陆有独立的力量积极参与战争。

1754年5月28日，一队来自新法兰西（即加拿大）的法国士兵闯入了英国自视为领土的区域。在乔治·华盛顿的领导下，一小队来自英国弗吉尼亚州殖民地的士兵与之交火了。华盛顿没有遵照他收到的指示来和平地驱逐他们，反而杀了几个人，包括他们的指挥官。北美地区的冲突持续发展，双方交战时都与当地美洲民族结成了联盟。两年后，英国的盟友普鲁士袭击德国的萨克森州，导致萨克森的盟友奥地利、奥地利的盟友法国以及法国的敌人和普鲁士的盟友英国卷入了欧洲大地上的这场战斗。这一系列事件与1914年德国的盟友奥地利攻击巴尔干小国塞尔维亚引发的多米诺骨牌效应惊人地相似：塞尔维亚加入了其盟友俄国，俄国又威胁德国，德国随后对俄国及其盟友法国宣战。

战火迅速蔓延到全球，英国和法国都加强了其在北美的殖民地部队，并开始攻击对方在西印度群岛的殖民地以及在非洲和印度的交易站。在印度，一些刚从垂死的莫卧儿帝国中脱离出来的君主国家也参与其中，英国最后占领了其中一个国家——孟加拉。战火烧到了南美洲，在战事接近尾声时，西班牙加入法国一方，攻击英国的盟友葡萄牙在美洲的一个殖民地。

就像第一次世界大战一样，这场全球冲突改变了全世界。事实上，它是英语成为世界主流语言的原因。作为殖民地强国的法国被毁灭了，直到1830年进攻阿尔及利亚才重新开始海外征服。北美密西西比河以东的所有地区都成了英国的地盘，除了新奥尔良市归了西班牙。这也奠定了英国在印度统治的基础。至于乔治·华盛顿，他最后带领由殖民地民众组成的起义军，走上了独立战争之路。他在1754年引发的冲突是第一次真正的世界战争，虽然平常我们并不这么叫，但你通过这篇文章就知道为什么一些历史学家喜欢称之为“第〇次世界大战”了。

《江南 Style》的隐藏成本

疯疯癫癫的音乐视频《江南Style》在YouTube上被观看了超过26亿次，使它成了历史上收视率最高的视频片段之一。考虑到视频长度（4分12秒），假设每个人都从头看到尾，这相当于1.8亿小时，大约2万年。在看他的横向扭动和空气套索骑马舞的时间里，人们放弃了多少其他的成就呢？美国海军“超级航母”杰拉尔德·R. 福特（Gerald R. Ford）号花了5000万工时来建造。要是人们没有在看鸟叔——2012年7月发布这首歌的韩国流行歌星的话——可以建造三艘这样的航母。或者，他们可以建造5个吉萨大金字塔，或再建一个维基百科，或8个迪拜哈利法塔（世界最高建筑）。观看鸟叔无聊表演的机会成本是巨大的，但至少人类得了一乐。

在 YouTube 上观看《江南 Style》所花的时间 *

等效建筑时间，1.8 亿（小时）

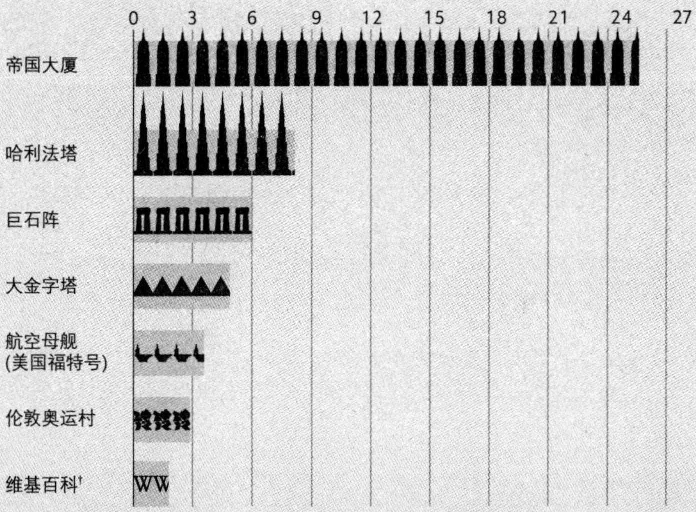

来源：新闻报道；《经济学人》 *自 2012 年 7 月起 †撰写和编辑所有修订版，2014 年估计

为什么 AK-47 步枪如此受欢迎

米哈伊尔·卡拉什尼科夫于2013年12月去世，终年94岁，但他66年前发明的“卡拉什尼科夫自动步枪”（Avtomat Kalashnikova）还有很长很长的寿命。AK-47突击步枪于1947年被研发出来，1949年首次装备苏联军队，这种步枪及其诸多衍生品现在被80多个国家的武装部队使用，还有更多的国家有自由职业军人使用。没有人知道有多少支AK-47在流通：1亿支是个合理的猜测。作为世界上所有枪支中的一种——这个总数也没有人能说得准——卡拉什尼科夫步枪占10%以上。为什么这个渐渐老去的苏联发明仍主宰着现代战争？

AK-47的文化影响波及整个世界。昆汀·塔伦蒂诺电影中的恶棍赞扬它非常适合“当你必须杀死房间里的敌人时”[1]。墨西哥歹徒也戏称AK-47为“cuernos de chivo”，即“山羊角”，这个绰号来自其弯曲的弹匣。在非洲的一些地方，这种枪被视为推翻殖民统治者的象征，“卡拉什”是一些地区常见的男孩名字。莫桑比克的国旗上就有这把枪。在黎巴嫩，一种绰号“本·拉登”的枪型售价是标准AK-47的2倍，因为它是前基地组织头子在视频中背着的那种型号。

这把枪没有什么特别。它的操作十分简单，甚至都不是特别精确。但这种简单恰是其成功的基础。与其他突击步枪相比，AK-47的移动部件之间的间

1 出自 1997 年由昆汀·塔伦蒂诺执导的电影《危险关系》（*Jackie Brown*）。——译者注

隙十分宽松。这对精度不利，但它意味着机械不太会被卡住，不管苏丹的沙子还是尼加拉瓜的泥把它堵到什么程度。这把枪的设计方便士兵戴着厚厚的手套操作，它足够简单，连未受过训练的新兵（包括儿童）都能使用。这些特性就是这把枪一直供不应求的原因，也是它的成功之处。苏联想要在其盟友之间标准化军事装备，所以它将巨量的武器发往与之邦交友好国家，还在这些国家建立了工厂，生产出数十万把步枪。（苏联对保护知识产权毫不在意，所以仿制品层出不穷。）这种枪现在流传到了世界各地，但在苏联影响较小的地方，AK-47就不那么受欢迎。到了今天，菲律宾的土匪更有可能使用M16的变种，这是一种美国制造的突击步枪，由美国提供给菲律宾军队。

AK-47的霸主地位牢牢确立，事实已经证明它难以被取代。在叙利亚，一些照片中的战士使用FAL突击步枪，有些人说它质量更好。但这种枪只是昙花一现，因为人们发现弹药很难找：FAL需要51毫米长的子弹，瑞士研究机构负责小型武器调查（Small Arms Survey）的尼古拉斯·弗洛尔坎（Nicolas Florquin）说，这在冲突区比旧型AK-47使用的39毫米子弹更少见。也许最根本的原因在于，自第二次世界大战以来，作战的基本方式没有多大变化。无人机和智能武器正在颠覆富裕世界的军队战略。但在其他地方，今天的很多流血事件仍然遵循20世纪40年代所见的类似模式。除非作战方式改变，否则AK-47将仍然像半个世纪前那样起到毁灭性的作用。

为什么大多数死囚最终老死

佛罗里达州的加里·阿尔沃德因杀害3名妇女被判处死刑，却在2013年5月自然死亡。他在死囚牢里已将近40年了。佛罗里达州一直没有处决他，因为他“太疯了，不能杀”，就像《坦帕湾时报》所说的：“1984年，他被送往查塔胡奇的州立医院以恢复行为能力，但那里的医生拒绝治疗，理由是治疗病人以便杀死他造成了伦理困境。他在1987年被悄悄地送回死囚牢，此后一直待在那里。他最后的上诉期于1998年过期。”

沃德的个案有些极端，但美国的死囚通常要花很长的时间等待死亡。申诉程序可以拖上几十年。这个过程极其小心谨慎，因为没有人愿意看到无辜的囚犯被处决。即使是最狂热的死刑拥护者也知道，错判会破坏他们的事业。对于真正被处死的囚犯，判决与执行之间的平均时间已从20世纪80年代中期的6年上升到现在的16.5年。即使这个惊人的时长也比这个流程的实际耗时要短，因为大多数死囚永远都不会被处死。这只是简单的数学而已。

截至2011年底，美国共有3082名囚犯被关在州和联邦的死囚牢里。那一年只处死了43人。照目前的速度（还在不断放缓），死囚每年被处决的机会只有1/72。由于死囚首次被定罪的平均年龄是28岁，似乎除了一小部分人，其他人最终都不大可能会见到刽子手了。2011年，24名死囚自然死亡，70人获得减刑或者改判。（2011年通过了80个新的死刑判决，所以死囚人数减少了57个。）

我们预计老死的死囚数目只会增加。美国是在1976年再度恢复死刑的，所以死囚牢中几乎所有人都是在这之后被定罪的。大多数人在定罪时还年轻。随着年龄的增长，每年将有更多人死于心脏病、中风和癌症。死囚牢中的条件很差，囚犯老得很快。他们经常一天23小时被关在单独的牢房中。在此期间，他们时时生活在恐惧中，担心自己很快会被绑在担架上，注入致命的化学物质。事实上，一些律师认为，死囚牢本身就是一种宪法所禁止的残忍而超常的惩罚。

纽约狗屎的季节性和分布

作为一个国际化城市，纽约给游客带来了世界上任何其他地方都看不到的景观。在夏季旅游旺季，这个城市还为游客提供一些相当鲜明的气味。随着城市升温，垃圾和废物的气味变得特别刺鼻。有人也会就此认为夏天会收到最多的狗屎投诉。然而，事实恰恰相反。通过城市的“开放数据”项目，我们发现关于狗屎的“311”呼叫（即非紧急呼叫城市当局）实际在冬末最多，之后则稳步下降。相比之下，有关“肮脏的人行道”的投诉在夏季出现高峰，要求修复路灯的投诉根本没有季节性。

为什么会这样呢？一些纽约人认为他们已经聪明地找到了宠物主人礼仪中一个漏洞：如果他们的狗在雪地里大小便，他们就觉得自己不用在后面清理了。在冬天，随着纽约街上的雪堆得越来越高，狗屎也一样——埋在雪堆里，行人很难看出来。唉，“眼不见心不烦”的方法并没有消除清理街道的需求——只会推迟它。到了三月，雪开始融化，之前隐藏的狗屎显现出来，这让居民愤怒不已，并导致狗屎投诉激增。

节日问候

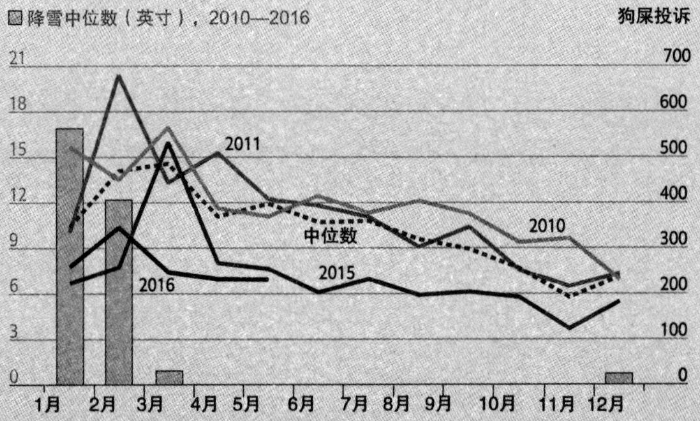

来源：纽约市政府；美国国家气象局

为什么全世界的秃鹫正在消失

非洲的秃鹫越来越少。根据国际鸟盟（BirdLife International）的一份报告，在秃鹫的11个物种中，6个有灭绝的危险，4个极危。在世界其他国家和地区，秃鹫也处于危险之中。欧洲议会议员，凯瑟琳·彼尔德（Catherine Bearder）已向欧盟申请拯救全世界的秃鹫和鹰，联合国也一直在讨论要采取什么行动。秃鹫为什么会消失？人又为什么要在乎呢？

自20世纪90年代以来，南亚秃鹫总的数量已经骤减了99%以上。2003年，科学家们认定，用于家畜治疗的抗炎药双氯芬酸是秃鹫数量下降的主要原因。秃鹫如果吃到最近接受药物治疗的动物尸体，就会在摄食几个星期之后死于严重的肾功能衰竭。这将产生两个问题：第一个问题和秃鹫在地方生态系统中的位置有关。由于秃鹫数量减少，一大帮其他带有各种疾病的动物——尤其是患狂犬病的狗——就会跑过来吃尸体。第二，印度的帕西人既不火化也不埋葬他们的逝者，而是把他们放在“达赫麦”（dokhma，寂静之塔）上供秃鹫吃。他们发现这一传统岌岌可危。2006年，印度、巴基斯坦和尼泊尔政府颁布禁令，禁止制造双氯芬酸。自那以来，该区域的秃鹫数量已经稳住，尽管仍然属于易危物种。

但双氯芬酸仍然在整个非洲广泛使用。欧洲法律漏洞则意味着它在包括西班牙和意大利在内的5个欧洲国家可以商业销售，而欧洲90%的秃鹫在这两个国家生活。在非洲，偷猎者刻意针对秃鹫用药，因为秃鹫会暴露他们的行踪：当局经常将天空中出现盘旋的鸟类作为附近有非法杀害的大猎物尸体的指标。为了干掉这些有翅膀的告密者从而避免被起诉，偷猎者就会在动物尸体上撒上药物。2013年，在非洲纳米比亚发现的一具大象尸体周围有多达600只死去的秃鹫。秃鹫濒临灭绝的另一个原因是，非洲某些地区的传统医学有使用其身体器官的需求。此外，快速的城市化也破坏了秃鹫的自然栖息地。

2015年10月，联合国代表在挪威特隆赫姆开会，他们同意根据《养护野生动物移栖物种公约》将12种秃鹫列入受威胁物种名单。作为埃及秃鹫最后的主要家园之一，伊朗在2015年11月禁用双氯芬酸。欧洲药品局在2014年证实，动物尸体中残留的双氯芬酸对欧盟的秃鹫构成了威胁。欧洲还在等待欧盟委员会决定如何才能有效地应对这一威胁，非洲应该好好注意。

为什么闰秒命不久矣

2015年6月30日午夜，由美国国家标准和技术研究所提供的超精确时钟（任何人都可以在https://time.gov/上看到其时间）做了一件相当奇怪的事。在刚好一秒钟的时间里，显示的时间是23:59:60。这分钟有61秒，但这并没有出错。相反，它是“闰秒”——由国际地球自转与参考系统服务的“时间之主”特意插入的额外一秒，为了让这一天略微延长一点儿。这是自1972年世界标准机构同意这种做法以来的第26次干预。但现在留给闰秒的时间不多了。人们最近讨论了它的命运，是在国际电信联盟2015年11月于日内瓦举行的一场会议上，许多国家的代表希望废除闰秒。但原因是什么？它当初又是为什么被提出的呢？

闰秒是为了让两种确定时间的方式不要偏离得太远。第一种方式简单、古老而直观，地球自转完整一周（或等价来说，太阳每次东升西落）就是一天。第二种方式则新鲜、陌生且准确得多。它使用原子时钟来数秒，8.64万秒就是一天。随着其炽热而熔融的内部翻滚，地球的旋转速度会随着时间而变化（见图表）。除了这些短期的随机波动之外，由于月球的轨道运行会削弱地球的自转，地球的自转越来越慢。这意味着，随着时间推移，两种确定时间的方法就不再同步了。

每当它们差得太远了，人们就加上一闰秒，使二者吻合。但很多人（尤其是掌管国家标准组织的那些精明人）不喜欢这种人为性质的闰秒。地球自转的波动意味着必须在需要闰秒的时候添加闰秒，而不是按照一个规整的时间表来添加。批评家们认为，由于计算机越来越普及，添加闰秒的风险会增加。计算机和闰秒并不总是很合得来：2012年，几家航空公司的订票系统应付不来这种变化，运营社交网站FourSquare的那些人也是如此。

传统主义者反驳说这种担忧被夸大了，并指出虽然有对从互联网服务器到银行基础设施这一切东西的担心，2015年6月添加闰秒时却什么问题也没有。此外，废除闰秒将意味着这两种确定时间的方法之间的分歧将无可挽回，虽然至少在未来几十年，影响（如太阳和原子钟的“正午”并不吻合）还不会太显著。在日内瓦会议上，代表们分为两派：澳大利亚、美国和中国均属于废除闰秒派；英国、俄罗斯和许多前社会主义阵营则希望维持现状。最后他们决定推迟到2023年再行决定。闰秒幸存下来了，至少暂时是这样。

摇摆的钟表

地球自转周期变化*（毫秒）

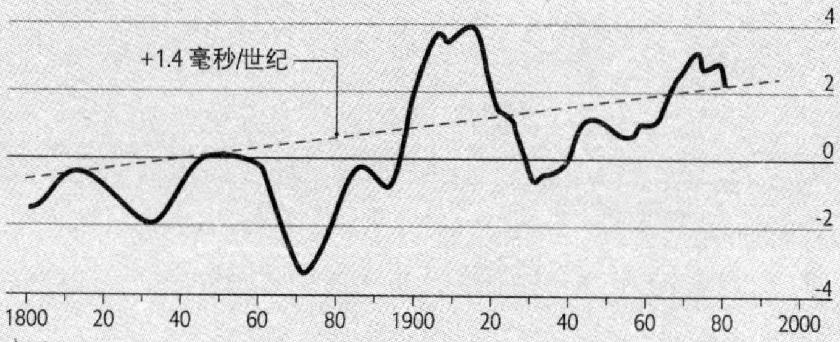

来源：Metrologia

*与 86 400 秒的标准日相比

Chapter

02

小抄：

你暗地里一直想知道的事情

GO FIGURE

美国的警察为何武装到牙齿

在2015年5月，奥巴马下令禁止联邦政府向美国警察局提供某些军事装备。过去一年，由于警察暴力执法引发骚乱，一些警察局配备的非同寻常的装备——包括防弹衣、强大的武器和装甲车辆——已经变得十分惹人注意。2014年8月，在密苏里州的弗格森镇，警官达伦·威尔逊射杀了手无寸铁的18岁黑人迈克尔·布朗，引发当地民众大规模示威游行。射杀发生两天后，当局调派了战术人员——通常被称为SWAT（特殊武器和战术）的准军事特警队，来帮助弗格森警察局驱逐抗议者。他们到达时身着战争装备，佩戴防暴和防毒面具，身背长警棍和自动武器。美国人已经习惯于看到警察应对抗议时使用催泪瓦斯、携带自动武器和狙击步枪，其驾驶的车辆在巴格达或阿勒颇出现也不会显得不合时宜。巡警仅仅带着一把值得信赖的老式左轮手枪上街巡逻的日子似乎很遥远了。美国的警察部队是怎么变得这样全副武装的呢?

与美国治理方面的许多其他事情一样，解释要从联邦拨款开始。每年，国会通过国防授权法案，规定国防部的预算和支出。1990年，在毒品相关暴力剧增的背景下，通过的法案允许国防部将军事装备和武器转让给地方警察局，如果他们认为这些装备“适合在禁毒活动中使用”。美国国土安全部在2001年“九一一”恐怖袭击后成立，2002年至2011年间，它为州和地方警察部门提供了超过350亿美元的资助。此外，“1033项目”允许国防部将剩余设备分发给地方警察部门用于反恐和反毒品活动。美国公民自由联盟发现，美国警察局所用的军事设备价值已从1990年的100万美元上升到2013年的近4.5亿美元。

而且这些装备确实得到了使用。1980年，美国全国特警队出动大约3000次。据估计，自那以后的出动次数上涨了17倍，达到了一年5.1万次。战术警察部队不仅在大城市常见：美国不仅超过5万人的城市中近90%配有特警队，而且90%以上为2.5万至5万人城市服务的警察局也配有特警队——这是20世纪80年代中期水平的4倍以上。在准军事警察部队大幅上升的同时，暴力犯罪水平有所下降。特警队在高风险和危险的情况下是必不可少的，但大多数特警队出动都是针对私人住宅进行常规毒品搜查，常导致灾难性的后果。记者拉德利·巴尔科（Radley Balko）写了一本关于警察军事化的重要著作，他发现至少50起因特警突袭失误而导致无辜者死亡的案例。战术分队曾被用于搅散牌局，突袭怀疑为未成年人提供酒类的酒吧，或针对"无证理发"这种明显非致命违法而逮捕数十人。这种战术行动往往会引起武装部队成员的蔑视。老兵批评弗格森警方是在恐吓人群而不是控制人群，说他们未能与公民分享信息，并导致对峙升级。一位老兵指出："我们从阿富汗一些相当糟糕的区域通过，也没有拿那么多家伙。"

最终，美国人似乎已经受够了。2013年12月公布的一份瑞仁洛普（Reason Rupe）调查发现，58%的美国人认为警察军事化"过度了"。这终于引起了政客们的注意。来自肯塔基州的共和党参议员兰德·保罗（Rand Paul）是2016年总统候选人提名的竞争者，他认为现在该"给警察去军事化"了。然而立法并不会立刻通过。钱可能是一个影响因素。2014年6月，来自佛罗里达州的自由派民主党人艾伦·格雷森（Alan Grayson）发起了一项修正案，禁止国防部将"飞机（包括无人驾驶飞机）、装甲车辆、榴弹发射器、消音器、毒剂（包括化学制剂、生物制剂和相关设备）、运载火箭、制导导弹、弹道导弹、火箭、鱼雷、炸弹、地雷或核武器"移交给地方警察部门。他失败了：两党的众议院领袖都没有投赞成票。美国的国防工业给政客捐赠数以百万计的美元，花在说客身上的钱更多。格雷森法案的反对者收到的国防工业捐赠平均要比支持者多73%。但奥巴马总统再用不着参选了，他没有这样的约束，并发布了行政命令以阻止军事装备流向美国警察部队。

世界上最“宜居”的城市在哪里

根据经济学人智库的2015年全球宜居城市排名，墨尔本居民又在世界上最宜居的城市享受了一年，但也许我们应该想想那些在过去5年居住环境持续恶化的57个城市中居住的人们。

此项排名考虑了140个城市的30个因素，包括安全、医疗、教育资源、基础设施和环境等。它显示自2010年以来，全球各地平均宜居程度下降了1%，其中稳定和安全因素下降得最多，为2.2%。叙利亚、乌克兰和利比亚的冲突，再加上法国和突尼斯的恐怖枪击案以及美国的国内动乱，是造成下跌的重要原因。在雅典，拖累公共服务的是紧缩政策而非动乱。相对于2014年，基辅的排名下降最多，如今已是最不宜居的10个城市之一。

经济学人智库注意到，最宜居的地方倾向于“较富裕的国家中，人口密度较低的中型城市”，这也是伦敦、纽约等准特大城市排名偏低的原因，在某种程度上也是墨尔本的排名持续领先的原因。

与此同时，根据经济学人智库每半年发布的生活成本指数，世界上生活成本最昂贵的10个城市都位于澳大利亚、亚洲和西欧等国家和地区。新加坡蝉联榜首，而弱通胀和日元贬值则分别把东京和大阪挤到了第11和第16位。首尔已经从5年前的第50位上升到2014年的第9位。亚洲也有许多世界上生活成本最便宜的城市：在调查的133个城市中，卡拉奇和班加罗尔并列生活成本最便宜的地方，而6个生活成本最便宜的城市中有5个位于巴基斯坦和印度。加拉加斯从排名前十下跌到排名末五是由于调查使用了不同的汇率。过去5年中，纽约的居住成本已上升约23%。

什么是厄尔尼诺现象

"厄尔尼诺（El Niño）在西班牙语中的意思是——'小男孩'（The Niño）！"1997年美国喜剧节目《周六夜现场》上，克里斯·法利（Chris Farley）开了这样一个玩笑。这个小品的荒谬令人难忘，不过它没怎么解释"The Niño"是什么。该节目播出时正值1997年至1998年厄尔尼诺现象肆虐，给全球带来了至少350亿美元的损失和23000人死亡。根据美国国家航空航天局（NASA）的卫星图片分析，2015年至2016年的厄尔尼诺还会更严重。那么，什么是厄尔尼诺现象呢?

"厄尔尼诺"在西班牙语中是"小男孩"的意思，它是由17世纪一位秘鲁渔民为纪念圣婴而命名的。他们观察到每隔几年，到了圣诞节的时候，太平洋会越来越暖，鱼群消失并迁往更寒冷的水域。与飓风不同，厄尔尼诺现象不是个别的天气事件，而是一种气候模式。在非厄尔尼诺年，由东向西吹的信风会把赤道温暖的海水推向西太平洋，让东太平洋深海的冷水涌上来。厄尔尼诺现象发生时，信风减弱了，通常被吹向西侧的温暖海水就会聚集在太平洋。水温升高，热量和水分上升到大气层中，改变了风和风暴的模式。如果在3个月的窗口期中，海洋表面温度比平均温度升高0.5℃—1℃，美国国家海洋和大气管理局（NOAA）就会将其视为厄尔尼诺现象。

厄尔尼诺现象通常会在南美洲和非洲东部带来暴雨、更高的温度和飓风。东南亚和澳大利亚会比平常少雨，或出现干旱。2015年至2016年的厄尔尼诺现象导致泰国实行供水配额，秘鲁政府则因大雨和泥石流宣布全国进入紧急状态。厄尔尼诺现象还被视为中美洲部分地区、印度尼西亚、菲律宾和澳大利亚旱灾的成因。巴拿马运河水位下降甚多，以至于当局开始限航。就全球而言，这一现象的影响可能是灾难性的，因为农业和经济如果遭到破坏会给政治冲突火上浇油。事实上，哥伦比亚大学地球研究所发现，一次厄尔尼诺现象可以让90个热带国家的内战风险增加一倍。然而，并不是所有的影响都是坏的。一项研究显示，厄尔尼诺现象可能会降低美国中西部地区龙卷风的数量。它还可能抑制大西洋形成飓风，并使美国东北部的冬季更温和。

“less”和“fewer”的区别

很多人坚持认为“less”和“fewer”应该有明确的界限，并对此相当在意。在戴维·福斯特·华莱士（David Foster Wallace）的小说《无尽的玩笑》（*Infinite Jest*）中，提到了马萨诸塞州好斗的语法学家们抵制挂有“不超过12项”（12 items or less）牌子的商店。几个“联防队员”还在现实生活中涂抹了这些牌子。“less”和“fewer”区别到底是什么，又有什么重要吗？

名词可以分为“可数名词”和“不可数名词”。可数名词通常是可以一个个数出来的东西，并且有复数形式：比如“房子”（houses）或“衬衫”（shirts）。不可数名词通常不能计数或变成复数：比如“水”（water）或“燕麦粥”（oatmeal）。（这些词有时可以是可数的，比如高档餐厅会提供几种不同的“waters”，但日常使用的“water”是不可数名词。）根据传统规则，“fewer”与可数名词搭配，“less”与不可数名词搭配。因此要说“My sister has fewer shirts than I do”（我妹妹的衬衣比我少），但要说“My brother has less oatmeal than I do”（我弟弟的燕麦粥比我少）。这一形式的规则是罗伯特·贝克（Robert Baker）于1770年首先在《英语语言思考》（*Reflections on the English Language*）一书中提出的。

但贝克称之为一种偏好而非规则，也许是因为它还有很多模糊之处。可数与不可数的区别并不总是符合物品的真实属性：“clothing”（服装）是不可数名词（所以要说“less clothing”），但“clothes”（衣服）则是可数名词（所以要说“fewer clothes”）。衣服是离散的物品，就像典型的可数名词那样，但你不能真的去数：“He is wearing four clothes”就说不通。同时，一些可数名词根本不表示离散的事物。比如时间和距离：“year”（年）和“mile”（英里）是可数名词，但它们代表的是一个连续统一体中的任意部分。这大概就是为什么很多人觉得“I've lived here less than three years”比“I've lived here fewer than three years”更自然，而且放在“one”之后，“less”几乎总是比“fewer”要更自然，比如“that's one less thing to deal with”（又少了一件事）。

最后是风格的问题。“fewer”永远不会用在不可数名词上，但在非正式谈话中，“less”经常可以用于可数名词。“She won't go out with anyone with less than three cars”（她不会和少于3辆车的人约会），这句话在酒吧中说说完全没问题，但要是出现在出版物中的话就很可能要被编辑改掉。所谓的规则从来没能反映现实：早在9世纪，我们就发现阿尔弗雷德大帝写swa mid laes worda, swa mid ma（“be it with less words or with more”，不管字少还是字多）。即便如此，对正式写作来说还是一个很好的指导——也可以把马萨诸塞州的“语法警察”挡在超市之外。

谁想长生不老

过去100多年来，人类在消除疾病和学习维持生命方面取得了巨大的飞跃。1900年在美国出生的人的平均寿命只有47岁。80年后，这一数字已经增加到男性70岁，女性77岁。但此后的进展已放缓：2013年在美国出生的男孩的预期寿命只比1990年出生的长6年，而且他的晚年并不全是金色的。

华盛顿大学健康指标与评估研究所的统计学家计算了调整后的出生预期寿命，给出了一个人预计可以享受的没有疾病的健康年数。生于1990年的美国男性预期能活到72岁，预期9年健康不佳。到2013年，预期寿命增加到76岁，但有10.5年要活在健康不佳的状态中。1990年以来，美国男性的健康生活多了3年，健康不佳的生活则多了4.5年。美国人的寿命进展不大，如今出生的中国人和伊朗人都比美国人活得更久、更健康。健康预期寿命增长最可观的国家是伊朗：1990年至2013年间，女性大约增加了9年，男性增加了11年。印度和中国在这方面也做得不错，在这两个国家，女性可以期待多享受8年的健康生活，男性则可期待6年。

美国耗费大笔金钱延长人的寿命：针对老人的联邦医疗保险（Medicare）大概有四分之一花费在了生命的最后6个月。也许知道何时了断才是真正幸福的关键。

出生时预期寿命（年）

（所选国家按照 2013 年平均健康预期寿命排序）

1990 年

■ 健康预期寿命

■ 非健康寿命*

1990年—2013年

□ 健康预期寿命增长

▨ 非健康寿命增长

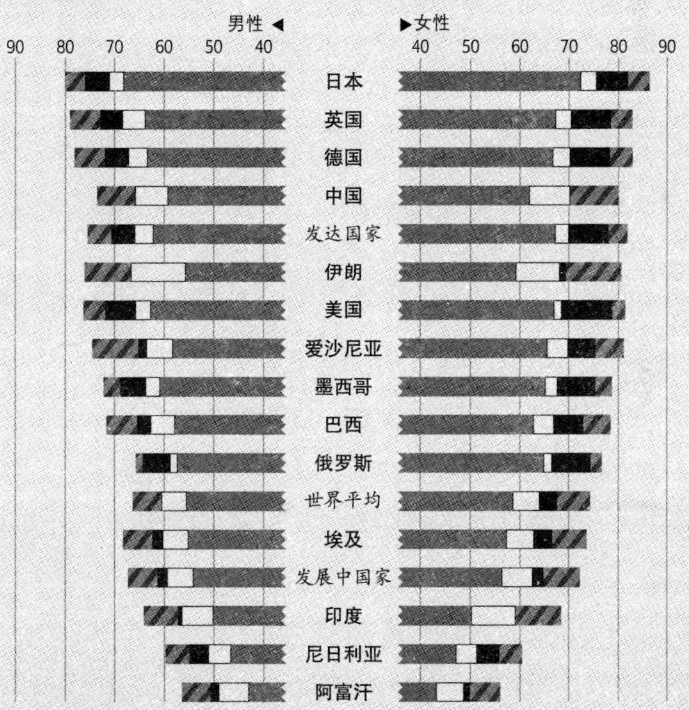

来源："Global, regional, and national disability-adjusted life years...", by Christopher Murray *et al*, *The Lancet*, 2015

*数据不能表明 1990 年的预期寿命低于 2013 年的健康预期寿命

为什么这么多的韩国人姓金

有个韩国人说，如果从韩国首都首尔的南山顶上扔一块石头下来，肯定会砸到一个姓金或姓李的人。韩国总人口刚刚超过5000万，而每5个韩国人中就有一个人姓金。从前任总统朴槿惠，到说唱歌手Psy（本名朴载相），几乎有十分之一人姓朴。加到一起，这3个姓氏几乎占到了今天韩国人口的一半。中国常用的姓氏有100多个，日本可能有多达28万个姓氏。韩国姓氏为什么缺乏多样性?

韩国的长期封建传统是原因之一。和世界上很多其他地方一样，直到朝鲜王朝（1392—1910）后期，姓氏都是很稀有的。它们一直是皇室和几个贵族（两班）的特权。奴隶以及屠夫、萨满和娼妓等社会底层人民，甚至工匠、商人和僧人都不享有姓氏。然而，随着地方士绅势力越来越大，高丽王朝（918—1392）的开国君主王建试图通过授予姓氏来嘉奖忠实的臣民和政府官员，以此加以安抚。科举这种公务员考试成了获得社会进阶和皇家恩宠的渠道，而它要求考生注册姓氏。因此精英家庭就采纳了一个姓氏。成功的商人采纳姓氏也变得越来越普遍。他们可以通过购买一本实实在在的家谱书——也许来自一个破产的两班家族——并使用其姓，从此跻身精英阶层。到18世纪晚期，伪造记录的情况已十分猖獗。许多家庭都做了手脚：例如，一脉血统已绝，那么就可以将一个非亲非故的人写入家谱来换取报酬，而这个陌生人就获得了一个高贵的姓氏。

因为李姓和金姓等姓氏是古代朝鲜的皇家姓氏，首都之外的精英喜欢这些姓氏，尔后平民在挑选姓氏时也对其青睐有加。这少数几个姓氏起源于中国，被韩国宫廷和贵族在7世纪采纳（许多韩国姓氏都是单个汉字）。所以，为了在相同姓氏下区分不同的血统，常常会在姓上加上氏族的发源地（本贯）。金姓大约有300个不同的发源地，例如庆州金氏和金海金氏，不过除了在官方文件上，发源地往往不明。姓氏寥寥，意味着没有人能够非常肯定谁是血亲；因此在朝鲜王朝后期，国王禁止相同本贯的人通婚（该限制直至1997年才被解除）。1894年，韩国废除了基于阶级的体系，这让平民也能拥有姓氏：社会底层的人往往采用主人或房东的姓氏，或简单地采用一个常用姓氏。1909年通过了新的人口普查登记法律，要求所有的韩国人都注册一个姓。

今天，一度被视为个人遗产和地位重要标志的氏族发源地对韩国人而言不再那么重要。然而，新的朴姓、金姓和李姓的数目实际上仍在增多：根据政府统计，更多的外籍人士，包括中国人、越南人和菲律宾人归化为韩国公民，他们当中最流行的当地姓氏选择就是金、李、朴和崔，那么就可能形成比如蒙古金氏或是泰国朴氏。因此，金、李、朴这3个姓看起来还会继续流行下去。

为什么你的手机没有信号

在过去几年中，手机的发展可谓突飞猛进。它一度只是简单的移动电话和短信设备，如今却普遍成了强大的互联网接入终端、高质量数码相机、便携式游戏机、音乐播放器和可以随时随地观看的高清电视。但随着手机功能更多、性能更强、普及更广，网络似乎要跟不上了。有时候你只是想要打个电话或发封邮件，但是家中或办公室的某些角落就是没有信号。冒险出城的话，可能干脆彻底没信号了——就算有的话也只有慢吞吞的2G信号。无线网络的发展为什么落后于手机呢？

部分原因是技术。通过以语音为中心的2G网络发送的信号，一般说来会比以数据为中心的3G网络传播更远，在建筑内的覆盖也更好。这是因为2G信号通常使用900MHz和1800MHz频段，而大多数国家的3G信号通常发送在2100MHz频段。频率更高的信号传得就不那么远，也不大容易穿透墙壁。从某种意义上说，这不完全是件坏事：3G信号的范围较小，意味着可以用更多、更小的蜂窝来构建网络，这提升了整体的容量。但除非你处在一个3G基站附近，否则你只能得到2G信号。3G网络的速度和容量更好，但覆盖可能会差一些。

另一方面是经济原因。人们倾向于每过一两年就升级设备，所以新设备的周转非常快，新功能很快就被接受。相比之下，升级网络是一个异常昂贵的过程，需要数年时间，花费数十亿美元，因为要购买新站址，架设基站和天线，再安装回程链路以接入网络。考虑到费用，运营商只会在最急需、能惠及最多人的地方扩充容量。在实践中，这意味着城市中心和交通枢纽往往首先得到升级，然后是主要道路，再次是郊区。农村地区可能只有小范围的覆盖，更不要说先进的网络升级了，因为用户密度不足以支持这些花费。更刻薄点来说，只要能过得去，网络运营商有动力构建最差的网络。

好消息是，很多方面正在好转。在许多国家，低频率的2G频谱被“重组”（改变用途）为3G所用，这使得3G信号能传得更远。更新的4G网络在一个频段范围内工作，在很多国家它使用700MHz和800MHz频段，以覆盖更广的范围。（这也有助于解释为什么有些地方能找到4G却找不到3G信号。）在某些国家还可以用其他的低频段频谱，比如美国就拍卖了600MHz频谱。最后，微型基站（picocell）和家庭基站（femtocell）等小基站可提供建筑内的蜂窝覆盖，这些正和Wi-Fi一起在购物商场、办公室和地铁站中普及开来。但就像你的钱总是不够花、身材总是不够瘦一样，无线覆盖也永远不够快——智能手机用户总是想要更多。

飓风的名字是怎么来的

2012年10月29日，飓风“桑迪”袭击了纽约，约有200人死亡，纽约市在飓风桑迪中遭到的损失大约为190亿美元，只有2005年袭击新奥尔良的飓风“卡特里娜”带来的损害比它严重。但桑迪和卡特里娜都不会卷土重来了：气象学家及时地让这两个名字退役了。联合国的世界气象组织会从一个列表中挑选风暴的名字，这个列表每隔六年循环一次，但曾引起可怕破坏的风暴名字会被丢弃。有争议的名字也会被剔除。所以飓风到底是如何命名的——这种传统又是怎么来的呢?

几百年来，加勒比海的岛民（他们似乎会高频率地面对上帝的愤怒）用圣徒的名字命名飓风。但风暴的命名也是出于偶然。19世纪50年代，一场大西洋风暴摧毁了一艘名为安特耶（Antje）的船，于是它就成了“安特耶”飓风；另一场飓风在美国劳动节袭击了佛罗里达州，得名“劳动节”（Labor Day）。19世纪末，澳大利亚的气象预报员克莱门特·雷格（Clement Wragge）试图建立一个体系，用希腊字母来命名风暴，但澳大利亚政府拒绝认可，于是他开始用政客的名字命名飓风。不出所料，一个将政客描述为“造成极大的困扰”或“在太平洋上漫无目的地游荡”的体系遇到了阻力。另一种方法是用经纬度坐标来描述飓风，便于气象学家跟踪。但这对那些住在海岸边，依赖无线电台中简洁的建议来拯救生命的人并无帮助。

如今官方的飓风命名方法始于1950年，当时用美国军人使用的字母呼号

（Able、Baker、Charlie）来为风暴命名。这些名字很短，无论是在口头还是键盘上都很方便。在成千上万个分散的无线电台、海上航船和沿海基地之间交换信息变得容易。当两个凶猛程度不同的风暴同时发生时，这种新技术被证明特别有用。然而，仅仅两年后的1952年，新的国际拼写字母（Alpha、Bravo、Charlie等）实施，造成了一些混乱。因此，在海军气象学家用妻子的名字来命名风暴之后，美国国家飓风中心开始使用女性名字。这种做法很受欢迎，也引发了争议。媒体非常乐于描述"狂暴的女性"飓风正在"玩弄"和"调戏"海岸线。妇女维权活动家反对这种做法，自1978年起，风暴的名字变成男女名交替使用。

这些名字的重要性超出了我们的想象。亚利桑那州立大学和伊利诺伊大学的研究人员在2014年所做的一项研究发现，女性名字的飓风比男性名字的飓风杀死的人更多。这和它们的凶猛程度没什么关系——那是随机分布的——重要的是人们对它们的反应。看来，相比于男性名字的热带风暴，人们对待女性名字的热带风暴没有那么认真。

不同国家的人们如何花钱

根据欧盟统计局统计的家庭开支数据，不同国家花钱的模式似乎能反映对不同民族的典型印象。俄国人在烟酒上挥霍掉了8%的钱——远远超过大多数发达国家，而贪玩的澳大利亚人则把十分之一的现金花在娱乐上，书生气的韩国人在教育上的花销位居前列。有些差异可以归因于经济发展水平的不同。在美国和澳大利亚等较为富裕的国家，家庭开支大约为每人3万美元，其在食品上的开支比例就会低于平均支出约6000美元的墨西哥和俄罗斯。政治上的差异也有影响。美国的医疗主要由私立机构提供，家庭预算被它吃掉了五分之一以上；而在公共医疗十分普遍的欧盟，家庭花在医疗上的钱只有4%。在俄罗斯，政府补贴住房和供暖降低了生活成本，这意味着钱可以留给生活中更美好的东西。

不过，把欧盟国家汇总起来掩盖了有趣的地域性支出差异。在意大利南部45万人的岛国马耳他，近20%的家庭开支花在了餐馆或酒店上。在立陶宛，这一数字是2.9%。相对于欧盟大部分国家来说，立陶宛较为贫穷，人均家庭支出为8500美元，仅是欧盟平均水平的一半。它的人民在食品和服装上的开支比例比其他欧盟国家都要高。贪玩的荷兰人的娱乐开支排名第一，而希腊人在此方面则花费最少——在金融危机之前就是这样了。也许他们正忙着还债呢！

消费方式

家庭开支*，占总额百分比，2013 年或最新数据，含税

同一类别内 ●开支最高 ●高于平均 ●低于平均 ●开支最低

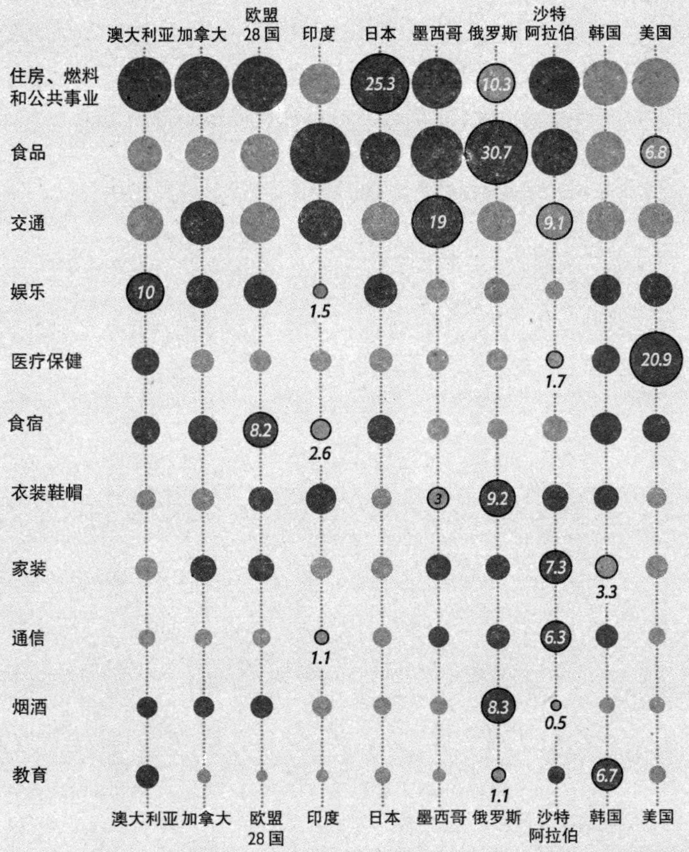

来源：Eurostat

*类别中不含杂项开支

什么是“冻结冲突”

战争是由战胜方和战败方定义的，但有一些冲突似乎持续了几十年，也没有一个明确的结果。这些被称为“冻结冲突”，其中几个在今天依然存在，主要在欧亚大陆。是什么造成了“冻结冲突”，又是什么让这些纠纷如此难以解决呢？

首先，它需要一个有资金并希望维持争议的大国的支持。俄罗斯对此十分擅长。自从苏联解体以后，俄罗斯已经参与了高加索地区若干场争斗。这可以追溯到20世纪90年代早期，格鲁吉亚南奥塞梯和阿布哈兹这两个地区的叛乱。2008年，俄罗斯甚至出动坦克支持南奥塞梯分离主义分子。

第二，支持的大国通常在争议地区有金融或战略利益，并希望自己能施加影响。很大程度上依赖俄罗斯天然气进口的乌克兰就是一个典型的例子。乌克兰和俄罗斯有政治和文化上的联系，而在乌克兰东部工业区的公司，如安东诺夫飞机制造厂，是俄罗斯武装部队和重工业的重要供应商。所以俄罗斯不愿意让乌克兰脱离其势力范围，并长期在乌克兰东部维持着冻结的冲突。

冻结的冲突可以在短时间内解冻并升级为全面战争。亚美尼亚和阿塞拜疆之间的纳戈尔诺-卡拉巴赫地区，尽管于1994年签署了停火协议，双方士兵仍然交火。如果冻结的冲突难以解决，通常是因为强大的利益集团希望它是那个样子。

政府为什么从 Facebook 要的数据最多

Facebook会定期发布它收到的全世界政府要求提供用户账户相关数据的请求数量报告。2015年上半年的报告显示，对此类信息的要求正在上升。自从2013年首次发布此类报告以来，美国的请求数量大幅上升了三分之一。英国的请求总数位居第三，同比增加了92%。虽然绝对数量较小（美国提出了2.66万个请求，或者每10万个 Facebook 用户中16个），但是各国政府越来越重视此类材料的作用。包括推特和Snapchat在内的其他社交媒体公司也发现了政府请求数量在上升。虽然这些公司说只要有可能，它们就会努力抵制以保护用户的在线隐私，但它们也必须服从法律的要求。2015年7月，Facebook在纽约输掉了一场抗辩381个搜查令请求的官司，主要的理由是只有被搜查者才可以合法地抗辩搜查令。与此同时，欧洲和美国一直在争吵美国公司应如何对待欧洲公民信息的“安全港”规则。我们的个人数据可能在云端，但谁有权访问它的问题还浮在半空。

数据归谁?
政府对 Facebook 的用户账户数据请求*

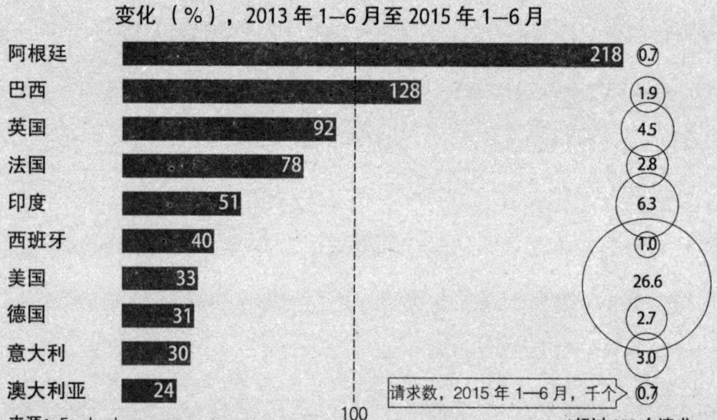

来源：Facebook

*超过 650 个请求

彗星、小行星与流星之间的区别

太阳系远不只是太阳和围着太阳转的行星。比如还有彗星，其中之一是67P/丘留莫夫—格拉西缅科，它的形状像橡皮鸭子一样，“罗塞塔”号（Rosetta）空间探测器对它做了详细的观察。另一个“黎明”号（Dawn）空间探测器则探索了小行星灶神星，之后前往另一颗小行星谷神星。地球上的观察者一年到头都可能看到流星雨。有时候天空中会出现火球，比如2013年俄罗斯车里雅宾斯克州看到的那样。那么，彗星、小行星和流星之间有什么区别，又有什么联系呢?

我们先来说说彗星（comets）。它们是数十亿年前在太阳系边缘形成的，由冰块混合了岩石、灰尘与冻结的气体构成。随着彗星的轨道逐渐靠近太阳，温度升高，形成了由水和灰尘构成的“尾巴”。相比之下，小行星（asteroids）形成时更接近太阳：它们是行星形成时代的残留，大多数位于木星轨道之内，由岩石构成，有时也被称为“planetoids”或“minor planets”。尽管它的名字里面有“星”（aster在拉丁语中是“恒星”的意思），但它们和恒星没有什么关系。

直径小于数米的小行星被称为流星体（meteoroids），这也适用于彗星撒下的小块尘土、岩石和冰。当流星体进入地球的大气层时，在人们看来就是一个流星（meteor/shooting star）；如果它足够大的话，就会是一个火球。如果有任何部分经历了大气层摩擦后落到了地面，剩下的部分就被称为陨石（meteorites）。

当地球穿过彗星留下的碎片带时，就会出现流星雨。由于彗星的轨道是已知的，这些碎片带的位置也可以预测，由此就预测出了流星雨的日期，比如12月中旬的双子座流星雨和8月中旬的英仙座流星雨。简而言之：彗星比较大，里面满是冰；小行星也比较大，由岩石构成；流星是细小的碎片，在地球的大气层燃烧，发出它最后的光亮。天文观测快乐！

Chapter

03

全球奇观：

有些国家的独特做法

GO FIGURE

更多的邻居，更多的围栏

欧洲国境线上的物理屏障很快就要比冷战时期还要多了。难民危机以及俄罗斯与乌克兰持续不断的冲突，促使地中海和东欧各国政府规划和建造边界墙及安全围栏。2015年9月15日，匈牙利沿其与塞尔维亚的边界建成了围栏——这里是难民进入欧盟的主要入口点。几小时内，就有60多人因试图攀爬围栏被捕。这进一步拓展了沿欧盟免签证申根区南部边界建设的反移民围栏。20世纪90年代中期，西班牙围起了其在摩洛哥的飞地休达和梅利利亚；2012年，土耳其在与希腊和保加利亚的边境上竖立了围栏。在北欧，哥本哈根卡斯特鲁普火车站的月台被围了起来，这是2015年末，瑞典最近一次试图控制从丹麦厄勒海峡大桥进入马尔默的移民数量的措施之一。2014年，乌克兰开始封闭其与俄罗斯的边界。2015年，波罗的海国家宣布他们也将效仿。这将使白罗斯成为波罗的海和黑海之间唯一边界未封闭的国家。

自柏林墙倒塌以来，世界上40个国家建立了抵挡64个邻国的围栏。大多数国家都是出于安全考虑和防止非法移民。有30多个决定是在“九一一”事件之后做出的。在中东，伊拉克、阿富汗和叙利亚的战事以及由此引发的难民潮已促使大多数国家关闭边境。当以色列建成与约旦的边境墙时，它已经把自己完全包围了起来。在亚洲，围墙和围栏的数量同样激增，一般来说是为了防止非法运送人员和货物，而不是为了封住有争议的边界——不过印度和巴基斯坦争议的北部边界处的克什米尔控制线仍然是一个高度军事化的例子。

某些建设边界围栏的提案不如其他的可行。2013年，巴西宣布建设“虚拟”墙，由无人驾驶飞机和卫星监测其整个近15000千米的国境线。它已经开始建设与巴拉圭和玻利维亚接壤的部分，因为这些是走私的热点地带。但怀疑论者指出，巴西很多国境线穿过热带雨林，无法通行也很难监测。即使在比较容易监测的地形，高科技边境保卫也经常失效。沙特阿拉伯自2003年以来已经封闭了五条边界，美国也数次强化与墨西哥的边界，但两国都因提案过于昂贵或不能起效而挣扎——但似乎没人告诉唐纳德·特朗普这一点。铁丝网或通电围栏，再结合沟渠和缓冲区，是大多数国家的现实手段。值得庆幸的是，与冷战时期不同，穿越欧洲新边界的人不会再被枪击。

为什么美国有这么多女性死于分娩

分娩一度是非常危险的事情。一直到20世纪30年代，美国每100例活产分娩就会导致一位女性死亡，世界其他地方的概率也差不多。20世纪，产科医学有了巨大的进步，更多人能够获得良好的医疗。富裕国家的产妇死亡率下降了99%，贫穷国家也开始迎头赶上。但在美国发生了一些奇怪的事情：在过去25年的时间里，产妇死亡率（计入了分娩后42天内死亡的情况）开始一点点爬升。2013年，每10万例活产分娩中有超过18名妇女死亡。全球只有8个国家的产妇死亡率朝着错误的方向发展，包括阿富汗和苏丹南部，而美国也是其中之一。这是怎么回事?

一些人推测，它与现在美国妇女怀孕时较为肥胖、年龄较大相关——分娩相关的风险会随着体重和年龄上升而增加。但在很多有类似趋势的国家，死亡率还是在下降。其他人乐观地认为，美国对死亡的计数较为严格。这一理论的问题在于，用于收集这些记录的体系在过去10年中并没有多少改变，然而死亡率持续上升。

最令人信服的解释是，更多的妇女在怀孕时健康状况较差，却未能得到适当的照顾。慢性健康问题，如肥胖、高血压、糖尿病和心脏病在怀孕的美国妇女中日益普遍，而每个因素都让分娩更为危险。确实，与妊娠相关的传统死因，如死于大出血、静脉栓塞和高血压疾病的比例一直在下降，但死于心血管疾病和其他慢性疾病的比例则在上升。这些情况在非洲裔美国女性中更为普遍，这在一定程度上解释了为什么她们死于妊娠相关并发症的可能性是白人女性的近4倍。贫穷也与健康状况密切相关，如贫穷的女性很少能够获得适当的保健服务，包括避孕和产前护理。（意外怀孕的妇女及时寻求产前护理的可能性也更低，提高了死亡风险。）非洲裔美国人生活在贫困线以下的可能性也是白人的近2倍，这有助于解释孕产妇死亡率中严峻的种族差异。

有什么解决的办法吗？许多人希望平价医疗法案（Affordable Care Act，即ACA，也被称为“奥巴马医改法案”）能够扩大卫生保健的覆盖面，确保更多的女性在怀孕时身体状况更好。ACA让美国31个州以及华盛顿特区扩大了医疗补助计划（Medicaid），贫穷的女性能够拿到避孕用品，并在分娩前后获得更好的护理，这应该会降低其死亡风险。（我们认为产后护理必不可少，无论是为了控制潜在的严重问题，还是让妇女回到健康的生活方式。）产科急诊的研究也表明，至少40%的死亡在当时是完全可以避免的。如果医生受过识别大出血、严重高血压和静脉栓塞迹象的培训，一旦出现这些情况，他们就能更迅速地挽救患者的生命。联邦和州，包括美国疾病控制和预防中心、美国妇产科医师学会在内的专业团体，正在共同努力以确保医院和生育中心知道如何处置这些紧急情况。在加州，每118个美国人中就有一个出生在这里，医院已经落实这些方案，并已降低了孕产妇死亡率。希望在全美国范围内能看到类似的转变。

沙特阿拉伯人为什么这么热爱社交媒体

总体而言，海湾地区的智能手机普及率引领全球。WhatsApp、Facebook和推特已经成为标准的通信模式。沙特阿拉伯的普及程度更是无与伦比。2013年进行的几项调查表明，沙特阿拉伯互联网用户中使用推特的比例为世界最高，YouTube 也是如此。沙特人在网上花的时间也比其他地方的人要多。对于一个不允许妇女开车的保守国家，这似乎有点儿出人意料。为什么沙特人这么热衷于社交媒体呢?

外人往往觉得人口约3000万的沙特阿拉伯远远落后于世界其他地区。沙特阿拉伯王国在1932年才成立，它当然是一个传统的地方，特别是在首都利雅得。但在发现了巨大的石油财富之后，人均GDP几乎达到2.6万美元。如今，成千上万的年轻人出国学习，讲英语，并和其他国家的同龄人一样全球化。从买咖啡到看电视，他们觉得在网上做一切事情都是非常自然的。

也许正是这些因素，再加上沙特阿拉伯社会的独特之处，让其在虚拟世界里异常活跃。购物商城几乎是年轻人娱乐的唯一来源，因为神职人员不喜欢电影院和酒吧，尤其是无关的男性与女性当面亲近是非法的，所以在社交媒体上呼朋引伴具有明显的吸引力。Facebook已经成为寻求约会对象的平台（以前，很多年轻人会打开蓝牙并随机连接附近的人）。生活不顺的沙特人也可以在推特上对政府匿名发泄。但社交媒体不只是用来做这些不正经的事，该国最受欢迎的推特账户有超过1400万关注者——沙特神职人员穆罕默德·阿里菲

（Muhammad al-Arefe）——而且他也不是个特别开放的人。

沙特的统治者偶尔会尝试关闭社交媒体，或因网络空间的言论将人定罪，并且常常施以严厉的惩罚。神职人员使用互联网和社交媒体将他们的信息传给大量虔诚的人，而这些人也可能容易接受他们的想法。但要遏制对网上一切东西的热情是不可能的。从整体上看，大多数观察家认为社交媒体更多的是一股自由化的力量，而且对它的需求并没有放缓的迹象。沙特人正在成为社交媒体内容和服务的创造者与消费者。沙特的企业家，特别是在红海岸边管制较为松弛的吉达市，开始推出手机应用和YouTube频道。无论沙特人在现实世界中的立场如何，他们已经完全融入了虚拟世界。

欧洲人如何看待彼此

欧洲人相互之间有什么看法？2013年，皮尤研究中心在8个欧洲国家询问人们对于另一国家的看法，其结果很有启发性：揭示了挥之不去的定型观念，某些历史上的不信任，以及当前对于经济实力的些许怨恨。这项调查似乎也证实了2012年一项类似的皮尤调查给出的令人费解的发现：希腊人的自我认知似乎偏离了其他人的看法。

如本书第59页的图表所示，当被问及最值得信赖的国家时，除希腊以外，每个国家都把票投给了德国，而希腊人把这一荣誉给了自己，并将德国视为最傲慢、最没有同情心的国家。（让很多人疑惑的是，2012年的民意调查显示，希腊人认为自己是最勤奋的。）对德国的这种反感是可以理解的。作为欧元区的大掌柜，德国因向希腊强加严格的财政紧缩措施，以此作为为希腊纾困的条件而受到谴责。这导致了一个增长下滑、需求减弱和严重困难的周期。实际上，德国在经济上的主导地位使它被希腊人视为最傲慢、最缺乏同情心的国家。

另一个惊人的发现是，一国之内的意见也会大相径庭。波兰人同时提名德国作为最值得信赖和最不值得信赖的国家，这也许是有战争记忆的老波兰人与钦佩其审慎声誉的年轻人之间的分野。同样，法国人对于自己的傲慢似乎也有两种看法——不过英国人对此毫不怀疑。在一个很能说明问题的回答中，意大利人彼此之间最不信任，也许是意识到他们的国家在国际腐败指数上排名不佳。对于被邻居和曾经的同胞捷克人视为最谦逊的国家，斯洛伐克人也许不知道是该（悄悄地）自豪一下，还是该生一点儿气。

谁值得信赖，谁最傲慢，谁富有同情心？

最常被其他国家列为首选的欧盟国家

在谁眼中	值得信赖		傲慢		富有同情心	
	最	最不	最	最不	最	最不
英国	德国	法国	法国	英国	英国	德国
法国	德国	希腊	法国	法国	法国	英国
德国	德国	希腊/意大利	法国	德国	德国	英国
意大利	德国	意大利	德国	西班牙	意大利	德国
西班牙	德国	意大利	德国	西班牙	西班牙	德国
希腊	希腊	德国	德国	希腊	希腊	德国
波兰	德国	德国	德国	波兰	波兰	德国
捷克	德国	希腊	德国	斯洛伐克	捷克	德国

来源：皮尤研究中心

马耳他语从何而来

阿拉伯语的一种方言是欧盟的官方语言也许会让人惊讶。但在西西里岛往南90千米的地方，欧盟最小的国家——马耳他所讲的怪腔怪调的语言恰恰就是这样。马耳他语的母语人口约45万，在马耳他2004年加入欧盟后获得了官方地位。马耳他也属于英联邦。马耳他语是中世纪西班牙和西西里岛所讲的阿拉伯方言中唯一的幸存者，也是唯一一种用拉丁文字书写的闪族语言。讲话时，马耳他语听起来像是掺了一些英语句子的阿拉伯语。写下来的话，它看起来像是意大利语混合了一些奇特的符号。那么，现代马耳他语从何而来呢?

和马耳他的社会一样，马耳他的语言是几个世纪的文化交融的产物。从9世纪开始，直到1964年国家独立，从建筑和艺术到岛上色彩缤纷的菜肴，一系列的征服者在马耳他生活的方方面面留下了印记。最重要的语言转变发生在1050年左右，阿拉伯统治者接管了当地社区，并依靠人多势众，用自己的语言代替了当地语言。之后则是西西里人和马耳他骑士团。几个世纪以来，西西里语、拉丁语和意大利语（后来被定为该国的官方语言）享有较高的地位，但阿拉伯语依然留存了下来。1814年，马耳他成为英国的殖民地，英语也加入了这座通天塔，并逐渐战胜了其他竞争对手。

马耳他语与统治民族同步发展，吸收新的元素，并将其融入简化的阿拉伯语结构。即使在1934年，英国人将马耳他语定为马耳他的国语之后，这种语言仍然受到外国元素的影响。除马耳他语外，英语（到今天依然如此）也是该国的官方语言；直到1959年，电视中只有意大利语节目。由此产生的这种通晓多国语言的文化是马耳他现代社会的核心。根据2012年欧盟调查机构“欧洲晴雨表”（Eurobarometer）的民意调查，岛上约90%的人口讲英语，另有36%讲意大利语。该国学校中一半的科目和几乎所有的大学课程均以英语授课。商店的招牌和菜单用英语和意大利语写就；报纸则有英语和马耳他语。

身份和语言紧密联系在一起，但马耳他很高的双语水平让语言切换随处可见。非正式谈话中英语的使用越来越多——有些词甚至被吸收进来，以意大利语的形式被赋予了新的生命。有些人担心这种入侵可能导致语言被抛弃。其他人则觉得这种担心是杞人忧天。在马耳他大学教授语言学的约瑟夫·布林卡特（Joseph Brincat）教授说，要判断马耳他语能否长期存在还为时过早。虽然马耳他的语言不可避免地会与其他语言混合，但它不再受制于外国统治者的心血来潮。和其蓬勃发展的经济一样，岛上语言的演化也取决于那些说话的人。

为什么日本出生的婴儿越来越少

2014年，日本爱知县一位名为长田共永的议员提出了一个大胆的方案，他建议当局可以将偷偷扎了洞的避孕套分发给年轻的已婚夫妇，以此提高出生率。尽管这种非正统的策略并没有赢得多少支持者，但它反映了日本对于人口困境的担忧越来越大。日本2014年出生的婴儿刚刚超过100万，远低于维持人口数量的需求。预计到2060年，日本人口将从1.27亿下降到约8700万。日本年轻人为什么不愿生育？

随着育龄妇女的人数下降，人口下降的螺旋越转越快。随着年轻女性迁移到大城市，到2040年，预计日本各地会有约500个城镇消失。劳动力市场已经在萎缩，并危及未来的增长。近年来，日本政府已经启动了大量的计划来鼓励生育，包括告知年轻女性生育力高点和低点的《妇女手册》，以及国家赞助的相亲活动。

出生率低下的主要原因是结婚率下降。选择结婚的人少了，而且多是晚婚。至少有三分之一的年轻女性的目标是成为全职家庭主妇，但她们很难找到能支撑传统家庭的男人。经济好的时候，追求者们在日本“终身雇佣”体系中有一份永久性的工作，但现在很多人不得不依靠临时或兼职工作。还有些女性避免结婚生子，因为日本的企业文化陈旧，幼儿看护服务严重短缺，如果有了孩子就会迫使她们放弃自己的事业。最后，年轻人都受到严格的社会规范约束。非婚生的婴儿只有大约2%，相比于大多数富裕国家的30%—50%，这意味着出生率随着结婚率一起暴跌。即使对于那些开始生儿育女的人而言，养育成本的上升也常常变成了事实上的独生子女政策。

要直接提高人口出生率，政府几乎束手无策。然而劳动力市场的改革可以对出生率产生长期影响。如果公司给了新的年轻员工更多保护，减少其他雇员的特权，年轻夫妇会有更稳定的基础来结婚生子。日本政府已经谈到了这样的步骤，但一直没有实施。相反，政府正采取行动帮助妇女将职业与抚养孩子结合起来。许多人口统计学家认为，要提高日本的出生率已经太晚了——现在每名女性平均生育1.41个孩子。他们说，最终的答案对于日本社会的冲击将比给避孕套搞鬼还要大：大规模移民。

世界上最具创新性的国家

世界上哪个国家最具创新性呢？康奈尔大学、欧洲工商管理学院（INSEAD）和世界知识产权组织每年联合发布的全球创新指数及相关报告正是要回答这个问题。该指数对世界上140个国家和经济体进行了排名，使用79项指标进行评分，其结果并不令人惊讶：瑞士、英国、瑞典、荷兰和美国排名前列。该报告的作者们也从其他角度来看待数据，例如各国相对于其经济发展的表现以及创新的质量（以大学排名、每单位GDP专利申请以及文章引用数占发表文章数量比例等指标衡量）。该报告发现，以中国为首的中等收入国家的创新质量仍然落后于富裕国家，但差距正在缩小——这主要归功于其高等教育机构的质量提高。印度的创新质量得分稳步提升，而中国提高更快，它已经超越其他中等收入国家，并在缩小与高收入国家的差距。值得注意的是，中等收入国家严重依赖大学来获得创新质量的高排名。如果这些国家要继续在促进创新方面取得进展，则不得不更多注意其学术出版物的规格，并提升全球专利数量——这些领域是它们最薄弱的环节。

创新质量

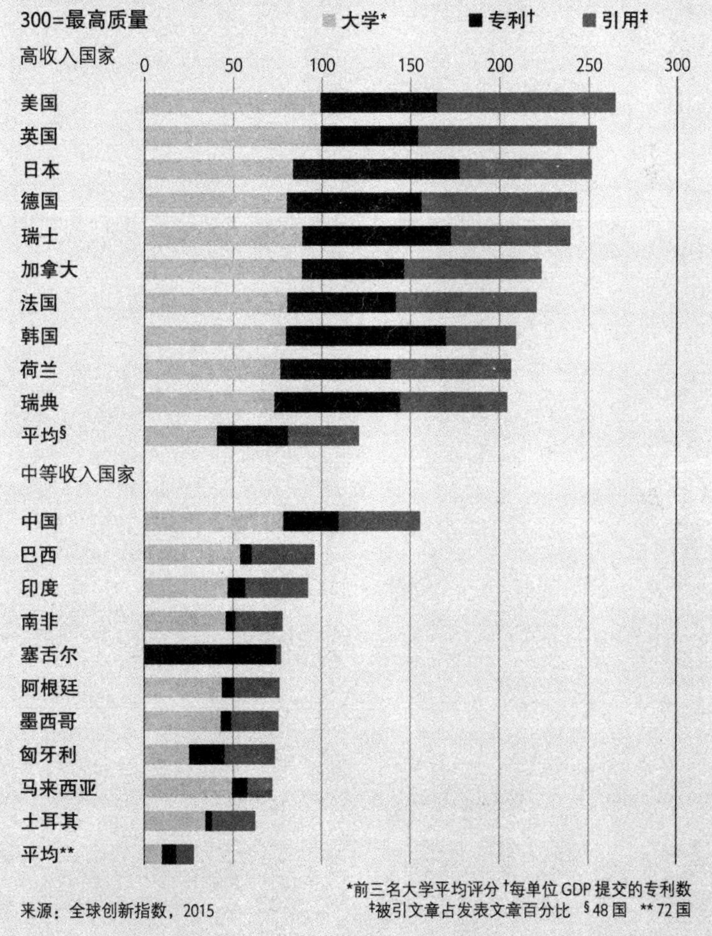

*前三名大学平均评分 †每单位 GDP 提交的专利数
‡被引文章占发表文章百分比 §48 国 **72 国

来源：全球创新指数，2015

猪为什么对中国如此重要

在所有的肉类选项中，猪肉在中国的地位至高无上。为了跟上需求，中国现在每年饲养（并吃掉）近5亿头猪——占全世界所有猪的一半以上。但猪肉的意义比烹饪口味来得更为深远。千百年来，猪一直是中国文化、美食和家庭生活的中心。那么为什么猪对中国如此重要?

从历史上看，祭祀用猪出现在各种形式的纪念活动中，包括婚礼、葬礼和节日。在中文里，“家”字就是屋顶下面一头猪。过去，猪肉是昂贵而稀有的。大多数人只能一年吃上几次。然而随着中国在过去30年富裕起来，肉类，尤其是猪肉的消费飙升：它占了中国如今所有肉类消费的70%。自从政府在20世纪70年代末实施农业经济方面的改革以来，猪肉消费增加7倍多。

政府有关部门支持国人热爱猪肉的文化，不懈地强化猪肉生产，让人们的盘子里堆满了肉食，并将保持猪肉供应廉价而充足视为维护社会稳定的重要因素。因为中国人吃这么多的猪肉，当猪肉价格上涨时，所有的价格都会上涨。所以，政府用巨额补贴支持养猪户。中国也拥有世界上唯一的战略猪肉储备——生猪和冻肉——以尽量保持价格稳定。

此外，对猪肉的需求也驱动着中国的海外投资。据统计，中国公司在其他国家购买了500万公顷的土地（超过葡萄牙一半的面积）用于包括生猪养殖在内的食品生产。2013年，中国最大的猪肉生产商收购了世界上最大的生猪养殖和猪肉处理商史密斯菲尔德食品公司（Smithfield Foods）。这是当时中国对美国公司的最大宗收购。猪肉在中国未来的影响只会越来越大。中国的人均肉类消费量仍然远远低于澳大利亚或美国等肉食性国家。

日本为什么有这么多成年人被收养

美国和日本的收养率在世界名列前茅——但两国有一个很大的不同。美国绝大多数被收养者都是小孩子，但在日本，儿童在所有被收养者中仅仅占2%。20多岁和30多岁的男子占到了剩下的98%，2008年几乎有9万人被收养（2000年时不到8万人）。日本为什么有这么多成年人被收养呢?

这背后更多的是商业原因而不是慷慨。商业智慧和技巧并不能很可靠地遗传。因此，大多数家族企业在其创始人去世后都走向衰败。汉诺基协会是一家仅有47个成员的全球企业联合协会，它要求成为协会成员的企业至少有200年的历史，并仍然由家庭成员运营。争夺世界上最古老家族企业的两家公司是成立于781年的法师旅馆和创办于578年的寺庙建筑公司金刚组——两家都是日本公司。

在第二次世界大战之前，《日本民法典》规定家庭财富要传给男性，传统上是传给长子。在只有女儿的家庭，这刺激了收养儿子的需求，以便继承家族姓氏和业务。[1]反过来，有多个幼子的家庭则让他们被他人领养。许多法律上的收养同时伴有与该家族女儿的包办婚姻（称为“相亲”，お見合い）——但女婿（或“婿养子”）随即会改为妻姓。如今，很多婚介公司和婚姻顾问都为日

1　如果亲生儿子被认为不适合继承，他也可以被养子取代。

本家族经营的企业招募自愿被收养者。

虽然日本的战后法律不再坚持长子继承制，但在很多家族企业里这一习惯根深蒂固。日本的出生率下降进一步限制了找到男性继承人的可能性；老板经常从其最有前途的高级经理中选择儿子。家族经营的汽车公司丰田和铃木、电子公司佳能、建筑公司鹿岛都收养了儿子来管理公司。有意被收养者也会得到丰厚的回报。他们的生父母有时会收到数百万日元的礼金。被选为婿养子是很高的行政荣誉。这在管理人员中引发了激烈的竞争，保证了公司能够获得和非家族公司一样好的人才库。事实上，研究者们发现，养子继承的公司业绩优于血亲继承的公司——不过被外人取代的可能性也可以成为亲儿子们兢兢业业的动力。

Chapter

04

数字：

真相不多

GO FIGURE

卫生保健支出：美国人的寿命差距

经合组织2015年11月发表的一份报告称，美国仍然是世界上在医疗保健方面最挥霍无度的国家。2013年，美国人均医疗保健花费为8713美元——是经合组织平均水平的2.5倍。然而美国人平均比经合组织公民早死1.7年。这一寿命差距自2003年以来还扩大了一年。美国人的寿命与智利人相当，但智利的人均医疗保健支出不到美国的五分之一。如果医疗保健支出理应延长寿命，那美国人花的钱可不算物有所值。

卫生保健支出

健康开支与出生时预期寿命

经合组织国家

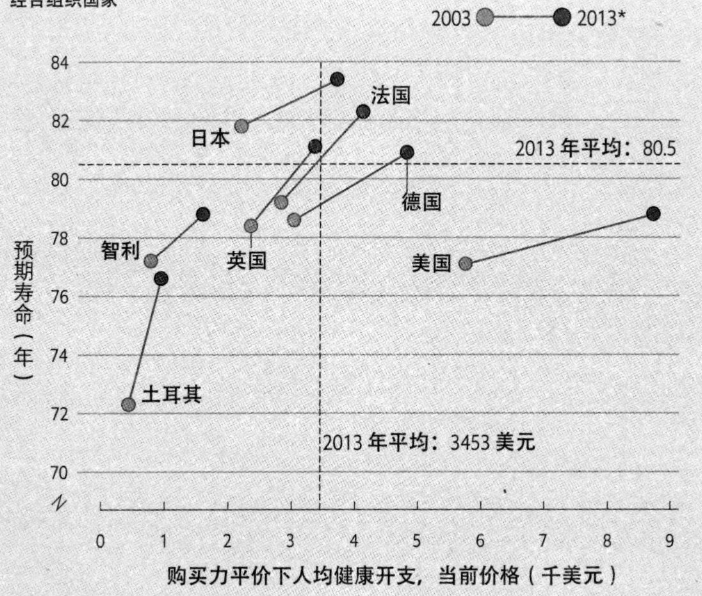

来源：经合组织

*或最新

到 2050 年，世界人口会是什么样

联合国的人口预测预示着2050年的世界会面临新秩序。到2050年，世界总人口会从73亿增加到97亿，比联合国2013年发布的报告增加了1亿。超过一半的人口增长将来自非洲，那里的人口将增加一倍，达到25亿。尼日利亚的人口将达到4.13亿，超越美国成为世界第三的人口大国。刚果和埃塞俄比亚人口将分别膨胀到1.95亿和1.88亿，比现在翻了一番还多。

印度将在2022年超越中国成为世界上人口最多的国家，比先前的预测提前了6年。中国人口将在2028年达到14亿的顶峰，而印度则会在40年内达到17.5亿。生育率的变化很难长期预测，但到2100年，世界人口将超过112亿，他们也会变老很多。如今30岁的世界平均年龄将在2050年上升到36岁，在2100年上升到42岁——今天欧洲人的平均年龄。四分之一的欧洲人已经达到或超过了60岁；到2050年，死亡人口将比出生人口多3200万。联合国警告说，只有移民才能阻止该地区的人口数量进一步减少。

相反，在世界其他地方，年轻的人口为一些国家创造了捕捉人口红利的机遇，因为劳动年龄人口数量激增会拉动经济增长。在非洲，41%的人口未满15岁，60%的人口不满24岁。拉丁美洲和亚洲的生育率已有更大幅度的下降，其24岁以下人口比例分别是43%和40%。这是一个经济机遇，只要决策者能够应对提供足够医疗服务、教育和工作岗位的挑战。

全球人口

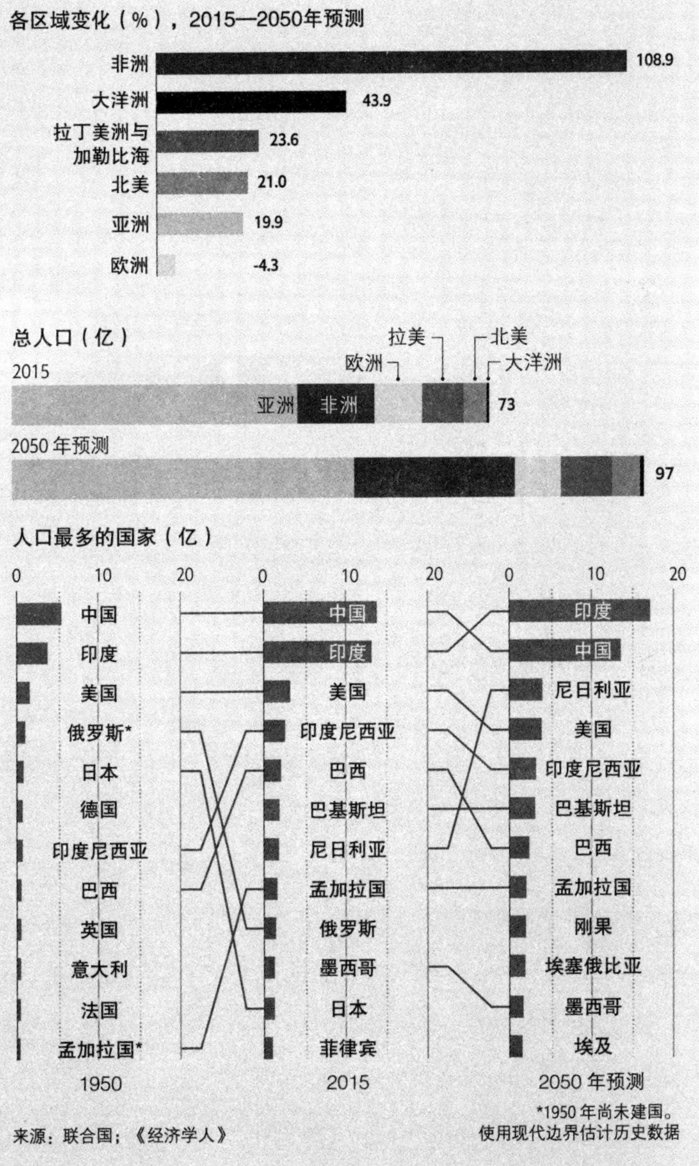

*1950 年尚未建国。
使用现代边界估计历史数据

来源：联合国；《经济学人》

为什么大面额钞票可能渐行渐远

大面额钞票已经有了很多负面新闻。2016年2月，欧洲中央银行宣布要调查面值为500欧元（549美元）钞票的使用；不久，哈佛大学彼得·桑兹（Peter Sands）发表了一份鼓励取消500欧元现钞的报告，同时要取消的还有1000瑞士法郎（约合1000美元）甚至100美元的钞票。为什么大面额钞票逐渐失宠?

对于大多数人而言，大面额钞票可能是一种负担而不是资产。苏黎世市中心的豪华商店会接受大面额钞票购买奢华的自来水笔，不过他们会使用特殊的机器来检验钞票的真伪。不过你可以试试用大面额钞票坐出租车或买巧克力，最好的情况是忍受对方异样的眼光，最坏则是直接被拒绝。大多数地方不会接受500欧元钞票，大多数欧洲人甚至见都没见过。尽管如此，欧洲中央银行的统计数据却揭示出它们十分诡异地受欢迎：流通的瑞士法郎中有60%是1000瑞士法郎的钞票，而30%的欧元现钞是500欧元的钞票。一些人怀疑，大多数大面额的纸币并不为焦虑的储户拥有，而是在犯罪分子手中。

要确定到底谁持有现金是件棘手的事情，毕竟这是其吸引违法者的部分原因。但执法人员则认定大面额钞票是犯罪分子的首选货币——体积小巧，易于隐藏。最近又出现了对于大面额钞票资助恐怖主义的担忧：2014年，一名前往土耳其的圣战分子信使被捕，在她的内裤中发现了40张500欧元钞票（共2万欧元）。她要是用100欧元的纸币夹带同样多的钱就得需要大得多的裤衩了。反洗钱金融行动特别工作组（FATF）是一家协调各方工作以预防金融系统犯罪的国际组织，工作组的大卫·刘易斯（David Lewis）说大面额纸币主要用于贩卖毒品和人口、洗钱和敲诈勒索。桑兹还说，取消大面额纸币让通过现金支付来逃税的行为更为困难，这有助于补充政府的钱箱。

废除大票子也可能震慑罪犯：笨重的大堆现金很容易被发现。但这个过程并不简单，任何废除过程一定要缓慢：欧洲中央银行担心给现金加上一个使用期限可能会破坏货币价值。那些希望取消高面值纸币以促使罪犯与当局进行尴尬对话的人大概要失望了。此外还有政治阻力，有些人担心，取消大票子可能是迈向完全取消纸币道路的一步。而且如果没能同步废除所有大额钞票的话，效力就会大打折扣。瑞士当局并无废除1000瑞士法郎钞票的计划。但讨厌大票子的人说，为了让罪犯不那么好过，点滴动作也会有用。

帕尼尼足球贴纸经济学

自从1970年墨西哥世界杯以来，意大利公司帕尼尼一直生产世界杯贴纸册，到2014年总计有640枚贴纸可供收藏。贴纸市场并不只是面向孩子，也让微观经济学家着迷。把每个空缺都填满让你上了一堂关于概率、统计检验值、需求供给规律和流动性重要性的入门课程。

当你刚开始填贴纸册的时候，你的第一张贴纸（贴纸5张一包）不在册中的概率是640/640。随着空白慢慢补满，拆包后发现你想要的贴纸的间隔就会越来越长。根据日内瓦大学的两名数学家西尔万·萨迪（Sylvain Sardy）和伊万·弗雷尼克（Yvan Velenik）的研究，如果机械地购买一包又一包贴纸，平均要购买899个贴纸包才能填满贴纸册。这还是假定市场上没有供给冲击：2014

年4月，巴西有30万张贴纸被盗，许多藏家担心帕尼尼的卡片将耗尽。

它还假定市场不会被操纵。帕尼尼坚称每张贴纸的印量均相同且随机分布。但是很多藏家都因反复出现同一张卡片而烦恼不已。在2010年的分析中，萨迪和弗雷尼克充当了“监管者”，检验当年世界杯在瑞士销售的660枚贴纸册的贴纸分布。在他们的6000张贴纸样品中，他们希望看到每张贴纸平均出现约9.09次（6000/660）。他们要进行检验，看看这个数字的实际波动是否符合贴纸的期望分布，结果是肯定的。这种统计测试越来越多地被用于发现金融市场中的固定价格和反竞争行为。

不过，即使在公平的市场中，靠个人去一包一包地买贴纸也是很低效的（还不说要花父母一大笔钱）。答案是创建一个藏家市场，以交换他们不需要的贴纸。操场就是这个市场的一种形式，拥有许多人追求的卡片的孩子突然就懂得了有限供应的力量。贴纸集市是另一种形式。与任何其他市场一样，流动性很重要。用重复的卡片参与市场的人越多，你在市场中找到贴纸的机会就越大。据萨迪和弗雷尼克估计，如果10个人能够有效地交换贴纸，并利用帕尼尼定制销售最后50张缺失贴纸的做法，那么他们只需购买1435包贴纸就可以填满全部10本贴纸册。在互联网论坛上可能有无数人交换贴纸，这意味着这个数字可以进一步降低。完全有效市场的想法应该会让帕尼尼感到沮丧，因为它能卖出的贴纸变少了。幸运的是，和所有市场一样，行为并不是完全理性的。尽管父母和经济学家们苦苦恳求，年轻的球迷还是愿意随时撕下大部分贴纸来换取莱昂内尔·梅西。

租金管制有效吗

让政府为房租设限来解决住房市场的问题在很多人看来很有道理。纽约市长比尔·白思豪（Bill de Blasio）大力鼓吹对租金受控的公寓进行租金冻结。在伦敦，几位市长候选人都提出了引入某种形式的租金管制的想法。为什么租金管制这么受欢迎？它们有效吗？

租金管制可以有多种形式，包括租金管制（给可收取的租金设置上限）和租金稳定化（为随着时间推移可以涨多少房租设限）。支持者认为，引入控制有助于确保中低收入家庭不被挤出住房成本飞涨的城市。在许多繁荣的城市，租金随着时间增长，许多居民区的构成变得更有利于那些能够承受更高价格的人。租金管制的支持者往往拿德国说事：在德国，收取超过类似物业租金水平20%的租金是非法的。（德国大约50%的人租房居住，近90%的柏林人租房居住，很多人住在宽敞宜人、精心维护的公寓中。）2004年至2014年，户主介于25岁至34岁的英国家庭中，租住者的比例从22%上升到44%。在西雅图，2010年至2013年，单人公寓的租金上涨了近11%。租金管制获得支持的一个原因是，它为租房者提供了长期的安全保障，并让权力从业主向租客倾斜。一些人认为，这会让房地产市场更公平，使得收入较低的家庭不会轻易被热衷于让邻里“绅士化”的业主挤走。

但是，无论左派还是右派，经济学家都倾向于对此持不同意见。正如保罗·克鲁格曼在2000年为《纽约时报》的撰文中写道，租金管制是“经济学中研究最为透彻的问题之一，也是无论什么学派的经济学家之间争议最小的问题之一”。经济学家认为，设定价格上限会降低市场上的物业供应。当价格存在上限时，人们打理并出租地下室公寓，或建造出租物业的动力更小了。供应增长放缓会加大价格压力。而那些做出租物业的业主根本无须费心维护，因为当租金上限限制了供应和市场交易量时，房东并没有什么动力去竞争以吸引租户。租金管制也意味着业主可能变得更挑剔，租客也可能会不必要地留在同一个地方。并有一些证据显示，居住在纽约租金受控公寓中的人，往往比租住市场价格公寓者收入中位数更高。这可能是因为富裕家庭有更好的机会来跟踪并拿到租金稳定的物业。德国的例子也不完美：在过去20年间，很多城市出现人口数量下降、房屋价格低迷（或下跌）的现象，虽然如今在几个城市中有所改观。

在城市住房需求上升的地方（如伦敦、纽约和西雅图），更有效的政策无非就是建造更多的住房。英国在1968年修建了35.254万所住宅，达到了顶点。2008年以来的衰落尤其严重，而伦敦周围限制性的“绿带”则抑制了增长。同时，许多开发商囤积土地，坐等土地价格上涨。根据麦肯锡的调查，伦敦周围本应开发的土地大约有45%被闲置。英国伦敦经济学院的凯思·斯坎伦（Kath Scanlon）说，德国的住宅建造率还要低。旧金山等地限制性的分区法律（旧金山还有租金管制）也可放松，不过当地人可能不喜欢这样。但为了让人们能够负担住房，政客们不但要瞄准地主，也要瞄准那些邻避[1]分子。

1 邻避（Not in My Backyard, NIMBY）是指新发展计划受到邻近地区居民反对的情形。

反对最低工资标准的经济理由

在过去10年中的大部分时间，无论经济好坏，富裕世界的工人都遭受了工资停滞，美国、英国和德国政府的回应是建议提高最低工资标准。提高最低工资标准看起来像是增加工人财富的一个简单而明智的方式。然而，许多经济学家都提出反对：例如，德国主要的经济研究所都要求安格拉·默克尔抵制设立最低工资标准的呼声。为什么经济学家常常反对最低工资标准?

从历史上看，经济学家们怀疑为工资设限会降低就业率。这一思路是，只要雇人还合算，企业就会按照通行工资去尽量雇人，所以任何迫使企业向现有工人支付更多工资的最低工资标准都会让这些职位变得不合算，导致裁员。然而到了20世纪90年代早期，美国国家经济研究局的大卫·卡德（David Card）和阿兰·克鲁格（Alan Krueger）给出了过去提高最低工资标准并未对就业产生预期影响的证据，经济学家被迫重新考虑他们的观点。他们发现，相对于邻近的宾夕法尼亚州，新泽西提高最低工资标准似乎并未减缓新泽西快餐店雇人的节奏。一些经济学家猜测，公司一直能够向工人支付低于其支付能力的工资，是因为换工作的成本阻止了工人寻找更高薪的工作。这就意味着，当工资被迫提高后，企业能够吸收成本而无须解聘任何人。

学术界继续交流关于设定最低工资标准是否会减少就业的研究。2013年，芝加哥大学的经济学家所做的调查显示，有刚过半数的受访者认为，将美国最低工资提高到每小时9美元将让贫穷的工人找工作变得“明显更困难”。但也有一部分人认为，考虑到那些能找到工作者获得的好处，提高最低工资标准仍然值得。经济学家反对具体的某次最低工资上调，有时是出于担心政客会罔顾后果地强加很高的工资下限，导致公司无法吸收而不得不裁员。一些经济学家认为，更好的形式是工资补贴，这会花政府的钱但不会影响招聘。

如今不寻常的宏观经济情况让近年来关于最低工资标准的辩论变得更复杂了。当需求疲软时（2007年至2008年金融危机以来，大部分富裕国家都是这种情况），公司可能会对工资下限更为敏感。其他人则认为，健康的企业利润说明企业有足够的空间来容纳加薪。新技术也可能会放大工资提升对就业的影响。自动化的机会不断扩大，公司可能会以工资下限提高为借口，重组生产并削减工作岗位。但经济学家之间的观点也有分歧（研究也相互矛盾），因为近期最低工资的增长大多相对温和。关于最低工资标准的争论似乎还要持续下去。

为什么这么多的荷兰人非全职工作

总体而言，荷兰人是生活满意度相当高的一群人，荷兰常常在全球宜居排行榜上名列前茅。根据联合国儿童基金会的统计，荷兰的孩子们是世界上最快乐的儿童之一。有些人将其高品质生活和良好品行归因于悠闲的工作方式：荷兰一半以上的劳动人口非全职工作，这一比例比任何其他富裕国家都要高得多。平均来看，欧盟国家中只有五分之一的工作年龄人口非全职工作（8.7%的男性，32.2%的女性）；而在荷兰，26.8%的男性和76.6%的女性每周工作少于36小时。为什么呢?

部分原因是荷兰女性进入劳动力市场较晚。与其他国家相比，荷兰被迫参与世界大战的男性不多，其结果是荷兰女性并没有像英国和美国的女性那样在工厂中做工。由于国家财富丰厚，双份收入并不是舒适生活的必需品。直到20世纪80年代，基督教价值观一直在荷兰政治中占主导地位：重点在于提供国家援助（财政体系的隐性补贴），以便妇女能待在家里带孩子。

这一点在20世纪80年代后期发生了改变，荷兰政府意识到动员女性进入劳动力市场会是个好主意。但下午茶时母亲需要在家的文化信念依然盛行，所以政府与雇主密切合作，确保兼职将享受与全职工作类似的法律地位。这种趋势在某种程度上延续了下来：2000年，女性和男性可以要求非全职工作的权利被写进了法律。但蒂尔堡大学的劳动经济学家罗纳德·德克尔（Ronald Dekker）认为，这项法律只是肯定了现行的做法，因此很大程度上只有象征意义，仅仅对于某些“古老行业”是必要的。相反，他认为，非全职的流行很大程度上是因为荷兰有很多质量高、报酬好且允许非全职的“一等”工作岗位，而在许多其他国家这些工作岗位地位较低。

非全职是否有利于妇女解放还有待商榷。今天，也许因为非全职是常态，荷兰女性有较高的劳动参与率。但荷兰女性进入高层管理职位的记录非常糟糕。非全职的流行似乎有所影响：根据CBS（荷兰中央统计局）数据，一旦剔除了非全职工作者，进入管理职位的女性比例几乎和男性一样，虽然这还不包括高层管理人员。荷兰政府说有30%的高管职位应由女性承担，但这可能是过分乐观了：蒂尔堡大学的学者迈因切·卢克拉斯（Mijntje Luckerath）称，2015年时的水平仅为6%，他将其归咎于老式的甄选过程。并不是所有的非全职工作者都对自己的状况满意：金融危机前，荷兰只有不到10%的非全职工作者希望自己有全职工作，这一比例如今已上升到近25%。这一比例仍然远远低于其他欧盟国家，但上升还是非常明显的。

女性主义经济学背后的思想

经济学——这个政策专家、电视评论家和经济学专家钟爱的学科，本来是为了提供一种客观地看待世界的方式，但有些人担心它还不够格。女性主义经济学的拥护者相信，就方法论和关注点而言，经济学都太男性化了。这不仅是因为女性在这门学科中比例偏低：2014年，美国经济学教授中只有12%是女性，而且到目前为止只有一位女性获得诺贝尔经济学奖（埃莉诺·奥斯特罗姆）。也许更重要的是，她们担心由于经济学提出了错误的问题，它非但没能在解决性别不平等方面提供帮助，反而让其越发严重。女性主义经济学家想怎样改变这一局面呢?

阿尔弗雷德·马歇尔（Alfred Marshall）是经济学的奠基人之一，他说经济学是“研究平常生活中人们（men）行为、思考和活动的学问”。马歇尔随意地使用“men”（男人/人们）一词恰好抓住了女性主义经济学家眼中经济学的头号问题：习惯于忽视女性。他们说，经济体往往被认为是钱、机器和男人的世界。这反映在GDP的衡量方式上。有偿劳动被包括在内，在家的无薪工作则没有。女性主义经济学家批评这种方法太过狭隘。在1988年出版的《如果女性也算数》（*If Women Counted*）一书中，玛丽莲·韦林（Marilyn Waring）认为男人设计的GDP核算体系就是为了让女性“待在属于她们的地方”。这种GDP核算方法不仅十分武断（市场上的有偿护理被计入“生产”，非正式提供的护理却没有），而且由于世界各地大部分的护理工作都由女性提供，它还系统性地低估了女性对社会的贡献。韦林博士认为无偿护理应纳入GDP，以反映“生产”养育良好的儿童与生产汽车或作物同样重要的事实。

说到公共政策，女性主义经济学家认为性别平等有其自身价值，而不仅仅是作为促进经济增长的手段。他们还思考了公共政策对女性的影响。当公共服务被削减时，简单的分析就可总结出雇用公务员等开支的变化。女性主义经济学家的分析很可能会指出，如果国家留下的缺口最有可能由女性来填补，那么这种削减的分布就可能让两性不平等情况进一步恶化。女性主义经济学家还批评了教给大学生的标准模型中使用的方法，称其忽视了造成两性不平等的根本原因。比如，一个简单的经济学模型或许会用女性对“消费”和“休闲”的偏好，来解释女性承担大部分育儿责任的决定。但女性主义经济学家可能会指出，如果她的偏好是因为社会对于妇女应该做什么有强烈的看法，那么把她的选择看作自由选择就是一种误导。他们说，通过无视对女性的潜在歧视，这种模型可能让性别歧视免受质疑。

女性主义经济学的拥护者已经赢得了许多胜利。GDP可能仍然没有包括无偿护理，但联合国等国际机构在衡量进步时不再只看现金收入，而是越来越多地使用健康和福祉等更广泛的衡量指标。女性主义经济学家朱莉·纳尔逊（Julie Nelson）在《经济展望杂志》（*Journal of Economic Perspectives*）上撰文称“很多读者可能已经发现，他们已经在以某些方式研究‘女性主义经济学’，虽然他们更愿意认为自己只是在研究‘好的经济学’”。确实，女性主义经济学家本希望自己生活的世界根本不需要这样一个标签。

瑞典男性为什么休这么多陪产假

同其北欧邻国一样，瑞典在大多数两性平等排行榜上都名列前茅。世界经济论坛将其评为世界上性别差距最小的国家之一。但瑞典不仅是适合女性的好地方，似乎也是新爸爸们的乐园。瑞典的爸爸们有近90%的人休陪产假。2013年，大约34万名父亲休了1200万天假，相当于每人休假约5周。女性为了陪伴孩子而休的假甚至更多，但差距正在缩小。瑞典的爸爸们为什么要休这么多假来养育孩子呢?

40年前，瑞典成为世界上第一个设立不分性别的带薪育儿假配额的国家。这包括为每个孩子支付180天的90%工资，父母也可按照自己的意愿来自由分配天数。但这个政策并没有得到父亲们的青睐：在该计划的第一年，所有的育儿假中只有0.5%是被男性休掉的。

如今，他们休掉了四分之一的假期。原因之一是这项计划变得更为慷慨，第一个孩子的带薪休假天数从180天提高到了480天。但它还经过了调整，以鼓励更为平等地分享这项配额。1995年设立了第一个所谓的“爸爸月”。根据这项改革，对于父母双方都休了至少一个月假的家庭，其总配额会再增加一个月。这项政策在2002年又得到进一步扩充，如果父母双方都休了至少两个月假，全家会再获得两个月假期。如今一些政客还想要更进一步，提出当前的共享休假制度应变成个人权利，即母亲只能享受家庭总配额的一半，而剩下一半则留给父亲。

其他国家也设立了类似于瑞典“爸爸月”的政策。德国在2007年按照瑞典的思路修改其育儿假计划，两年之内，休带薪假的父亲比例就从3%上升到了20%以上。更为平等地分配育儿假的最有力的理由之一，是它对于女性有积极的涟漪效应。自从瑞典男性开始承担更多的育儿责任后，妇女发现自己的收入和自我幸福感水平都有提升。换句话说，付钱让父亲为孩子换尿布似乎能让整个家庭受惠。

哪些国家的公民最善于理财

假设你把100美元放在每年利息10%的储蓄账户，5年后，你会有多少钱？这是信用评级机构标准普尔出的测验选择题（调查了144个国家的15万人）中的一道。选项是“少于 150美元”“恰好150美元”和“超过150美元”。出题的目的是，测试受访者是否理解复利以及是否能够运用基本的数学运算（正确答案是161美元）。唉，会这两样的人不是很多：只有三分之一的人能够在5道类似的选择题中答对3道。北欧人对理财最为擅长：70%的人都能正确地回答3个问题，而安哥拉人和阿尔巴尼亚人中只有15%能够解答。虽然教育在财务扫盲方面教育起着很大的作用，但人均GDP也与此有着紧密的联系。

先前的研究表明，要在孩子小时候教授其金融知识可能非常难。相反，这些知识是通过经验来获得的。在发达国家，知识遵循一个倒U形曲线：中年人的财务知识调查表现比年轻人和老年人要好（认知障碍加上教育缺乏共同导致了表现不佳）。在发展中国家，年轻人的财务知识要好一些，他们通常受过更好的教育。

这一调查是同类调查中最大的一个，它发现财务知识有惊人的性别鸿沟。在93个国家，男性与女性的答对率差距超过了5个百分点。在加拿大，77%的男性答对了3个问题，女性的比例仅为60%。“缺乏知识”很可能解释了为什么女性把财务决策权留给她们的丈夫。但令人担忧的是，在受过良好教育的未婚女性中，性别差距依然存在。就财务决策而言，很多国家似乎还停留在20世纪60年代的水平。

男人的世界

GDP 与金融知识水平

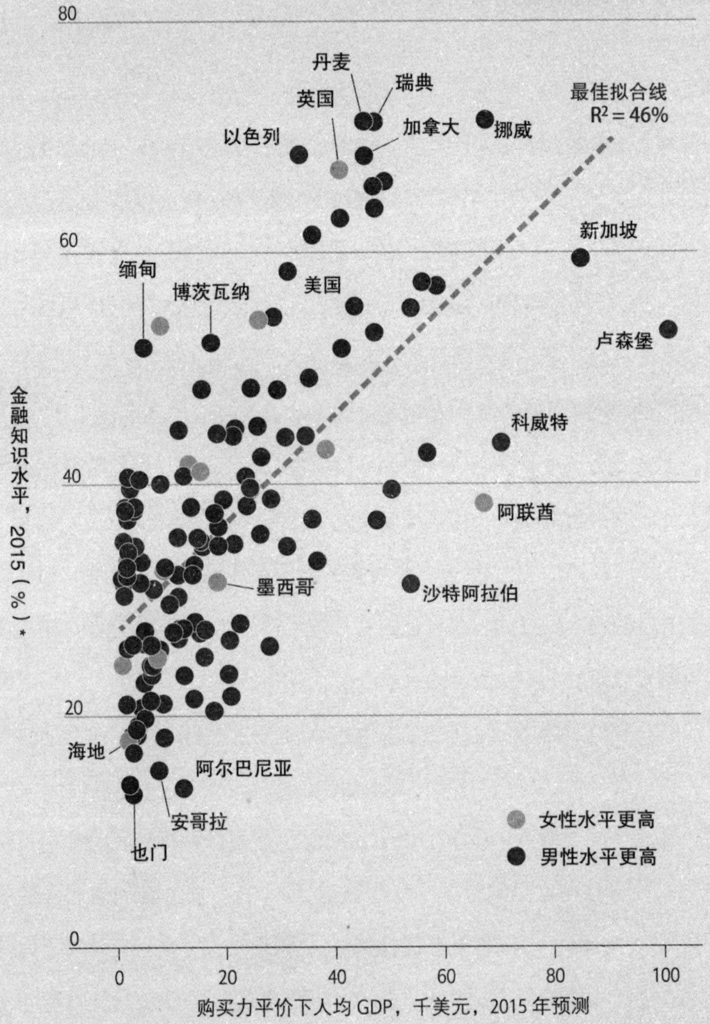

来源：IMF；标准普尔

*回答金融知识问卷者中四题答对三题的百分比

为什么联合国不给实习生薪水

日内瓦一位无薪实习生住在帐篷里的故事让联合国脸上无光。来自新西兰的大卫·海德（David Hyde）是个22岁的年轻人，他说他在日内瓦湖岸边搭了个帐篷，因为他无薪工作时付不起瑞士这座城市高昂的租金。这个消息激起了公众的愤怒和海德同事的同情：大批日内瓦的联合国实习生在2015年8月14日离开工作岗位以抗议他的窘境。就在同一天，一些"实习生权利"小组向联合国秘书长潘基文写了一封公开信，指出不给实习生付薪水的做法和联合国自己的《世界人权宣言》第23条（"每一个工作的人，有权享受公正和合适的报酬，保证使他本人和家属有一个符合人的尊严的生活条件"）很不相称。那么联合国为什么不给实习生薪水呢？

联合国说，它希望给实习生薪水，但被1997年通过的一项禁止向非工作人员付酬的决议掣肘。然而，无薪实习在此之前已经存在了几十年：联合国的一位高级顾问回忆起了1970年在纽约做过的一次实习。事实上，该决议只是承认了一个原有的特定做法。但自决议通过以来，联合国每年接纳的实习生从1996年的131人激增到2014年的4018人。联合国部门无法扩大预算来招聘工作人员，于是越来越依赖于愿意无偿工作的年轻大学毕业生，每次做2—6个月。虽然实习生可能会抗议，但他们清楚地看到联合国实习带来的人脉、经验和使命感的价值，更不用说履历上的光鲜了。

就算联合国想要给实习生付薪水，它也很难找到这笔钱。4000人的薪酬开支将高达每年1300万欧元（1450万美元）——而联合国因预算紧张一直在裁员。美国欠了13亿美元会费未缴令其雪上加霜。联合国文职人员及其工会的内部阻力是另一个问题。他们担心带薪实习可能成为招聘的后门，并让许多人梦寐以求的低级“专业”岗位竞争更为激烈。其他人则担心，带薪实习体系很容易受到裙带关系影响，比起受《联合国宪章》管制的正式工作人员，实习生的招聘流程要宽松很多，也不那么透明。带薪实习的另一个障碍是联合国工作人员的地域构成这个大问题。联合国成员想要尽量提高工作人员中的本国公民人数，并否决减少本国公民的做法，以扩大其影响力。由于来自最富裕国家的实习生比例畸高（2007年，来自发达国家的联合国实习生占到了67%，尽管这些国家只占世界总人口的15%），许多发展中国家认为向实习生付薪会加剧而非纠正这种不公平。要纠正这一点，发展中国家可能会提出一个实习生的地域配额制度，而发达国家则会反对。

联合国可能得益于不给实习生付薪水的政策，但也会受到其影响。高级管理层私下抱怨错过了最优秀的年轻人，他们或是接受了其他地方的有偿邀约，或是住不起在日内瓦和纽约这样的昂贵城市的房子。能够负担费用的实习生大多是富有的都市当地人，而这未能体现联合国力求的工作场所多元化。回到日内瓦，海德已经收起了帐篷并辞职，承认这件事是个噱头，希望人们注意到无薪工人的困境。其实，早在10年前，某国际劳工组织在发现一个实习生住在办公室的地下室后就开始向实习生支付薪水，或许这能够为那些在海德离开后仍在联合国推动变革的人带来一些安慰。其他寻找有偿工作的人应该注意到，有很多组织（包括《经济学人》）都向实习生提供体面的工资。

四段话总结《21 世纪资本论》

法国经济学家托马斯·皮凯蒂（Thomas Piketty）撰写的《21世纪资本论》轰动了世界。这本书于2013年出版了法文版，2014年3月出版了英文版。英文版很快成了畅销书，并引发了关于本书的主题——全球不平等前景的广泛而激烈的讨论。一些人认为，它甚至可能引发经济政策的重点向分配问题转移。《经济学人》盛赞皮凯蒂教授为“现代马克思”。但他的书到底讲的是什么呢?

《21世纪资本论》取材于皮凯蒂和其他几位经济学家十多年的研究，详细说明了收入和财富集中度的历史变化。这一大堆数据让皮凯蒂得以勾勒出自工业革命以来贫富差距的演变。18世纪和19世纪的西欧社会是非常不平等的。私人财富远远超过国民收入，且集中在相对固化的等级结构顶端的富裕家族手中。即使工业化慢慢推动了工人工资上涨，这一体系仍然屹立不倒。一直到两次世界大战的混乱和大萧条打破了这一模式。高税收、通货膨胀、破产和庞大福利国家的成长造成了财富大幅缩水，又迎来了一段收入和财富分布相对平等的时期。但20世纪初的冲击已渐渐消退，财富不平等现在卷土重来。皮凯蒂认为，从许多指标上看，现代经济中财富的重要性正在接近第一次世界大战前的水平。

从这段历史上，皮凯蒂得出了一套关于资本与不平等的宏大理论。他解释道，作为一般规则，财富的增长快于经济的产出。他将这一概念表达为r>g（r

是财富回报率，g是经济增长率）。其他条件相同的情况下，更快的经济增长会让社会中财富的重要性降低，而较慢的增长则会使其提高（减缓全球经济增长的人口构成变化将让资本越发强势）。然而并没有自然的力量会阻止财富稳步集中。皮凯蒂总结全书，建议各国政府出手干预，对财富全球征税，以防止急剧拉大的不平等在日后造成经济或政治不稳定。

不出意料，这本书引来了大量的批评。有些人怀疑，皮凯蒂认为未来会像过去的看法是否正确。理论表明，财富越多，要取得良好的回报就应该越难。今天的超级富豪（想想比尔·盖茨或马克·扎克伯格）多半是通过工作，而非继承父辈发家致富。其他人则认为，皮凯蒂的政策建议出发点更多在于意识形态而非经济原因，可能弊大于利。尽管如此，许多怀疑论者仍对本书在数据和分析方面的贡献给予好评。无论皮凯蒂教授是否能成功地改变政策，他将影响成千上万的读者以及很多经济学家对这些问题的思考方式。

航空公司如何削减成本

20世纪80年代，美国航空公司的一位乘务员发现，乘客会愉快地吃掉沙拉，但近四分之三的人会把配发的橄榄留下。当时的公司老板罗伯特·克兰德尔（Robert Crandall）立即把它去掉了。原来这家航空公司向餐饮提供商支付费用是基于沙拉中配料的数量：四种配料60美分，五种配料80美分。橄榄就是第五种配料。这一措施一年能省下4万多美元。1994年，西南航空公司听取了一位乘务员的建议，去掉垃圾袋上的公司徽标，给公司每年省下了30万美元的印刷费用。在这个客户挑剔、利润微薄的行业，现代的航空公司要如何削减成本而不偷工减料呢？

它们开始模仿那些避开甜甜圈并关注体重到小数点后两位的超模。航空公司扔掉了厚重的机上杂志，铺上薄地毯，用轻纸盒送餐。对于那些不会飞越水面的飞机，一些航空公司已经抛弃了用于水面紧急降落的安全设备，座椅也变得更轻。法国的地中海航空公司将其空客A321飞机上的220个12千克重的经济舱座位，更换为用钛合金等轻型材料制成的重约4千克的轻便座位。印度的低成本航空公司GoAir只聘用女乘务员，因为她们比男性平均轻10—15千克。这种吝啬不负有心人。燃料占到航空公司三分之一成本，每减轻一千克，飞机每年的燃料费用就会省下100美元。

现代飞机的燃油消耗不像之前那样大，小的设计调整也有帮助。在机队上安装了翼梢小翼（上翘的翼梢）以减少阻力后，西南航空估计每年可节约5400

万加仑燃油。欧洲廉价航空公司易捷航空（EasyJet）使用特殊涂料来消除飞机机身的微小起伏，以便更容易地穿过空气。航空公司称这可减少燃油消耗。全球的飞行员都被劝说不要全油门起飞，并尽快让飞机达到巡航高度（空气较为稀薄，阻力较小）。当在长跑道上着陆时，飞行员可以让飞机自己慢下来，而不让发动机反推。像印度香料航空（SpiceJet）这样的低成本航空公司已经学会让机队奋力工作。其庞巴迪Q400涡轮螺旋桨飞机专门服务小城市，飞行员会把飞机开得比较快，以在每个航段中节省几分钟，让公司得以每天挤进更多的航程。额外航班带来的收入超过了因速度更快而额外烧掉的燃油费。

然而不管航空公司愿意给自己施加多大的压力，单在欧洲，登机延误就让它们一年损失10亿美元。空中客车公司觉得自己有了答案：它已经获得一个便携式机舱的专利，在其中会复制飞机的座位安排。这个模块会停靠在登机口，满载乘客和行李，然后像火柴盒顺滑地插入盒套一样插进空飞机。然后飞机会飞到目的地；着陆后，这个可拆卸的机舱会被卸下，换上另外一组准备起飞的新乘客。这个未来主义设计看起来要花费数十亿美元和很多年才能开发出来——而且它可能永远无法离开地面。与此同时，航空公司将继续淘汰那颗额外的橄榄。

为什么私立学校在英国渐渐失宠

如何吸引学生的问题困扰着英国的私立学校。虽然自2008年以来，学龄儿童的人数有所上升，但就读私立学校的人数却几乎没有增长。这样一来，此类学校中的儿童所占的比例从7.2%下滑至6.9%，而且除了繁荣的东南部地区之外，绝对人数也处处下滑。为什么英国父母——一个以敦促孩子出名的群体——却不那么愿意支付孩子的教育费用了呢?

很大一部分原因是学费的上涨。一项研究发现，学费在2010年至2015年上升了约20%。因此，如今寄宿学校每年的平均教育价格是3万多英镑（4.5万美元）；日间学校的费用大约是它的一半。显然，寄宿学校不再以其条件艰苦而著称（一家学校甚至在学生宿舍提供了电视和游戏机）。但是这也让私立教育的价格超出了很多人的承受范围，尤其是那些不止一个孩子的人。同时，公立学校的改进，加上势利眼光的消退，使得替代品越来越有吸引力。

不过，人数下降很大程度上局限于低端市场。在《老男孩：公立学校沉浮录》（*The Old Boys: The Decline and Rise of the Public School*）一书中，作者大卫·特纳（David Turner）称如今是英国最杰出私立学校的黄金时代，其监护、设施和教育标准是前所未有的。其结果是它们能够吸引来自世界各地的学生。一些学校甚至在哈萨克斯坦和卡塔尔等遥远的地方设立分支机构。但较小的地方学校，特别是在伦敦机场辐射范围之外的学校，对国外的学生就不那么有吸引力。一些学校关闭了，一些合并了，更多的学校则专注于以更高的价格培养更少的学生。有趣的是，至少有19家私立学校已作为书院进入国有体制（它们比普通公立学校受到的政府管制更少，但仍然免费就学）。

私立教育的颓势并不只是英国特有的现象：美国的父母同样在逐渐避开私立学校。在这两个国家，其结果是公立资源的压力更大了。私立学校入学率下跌，很可能是富裕人家能够攫取更大份额政府开支的原因之一。私立学校的衰落——许多左派人士渴望已久的——最后却可能带来棘手而不受欢迎的后果。

尚可改进

英格兰，独立学校学生数，2008—2015年*，变化（%）

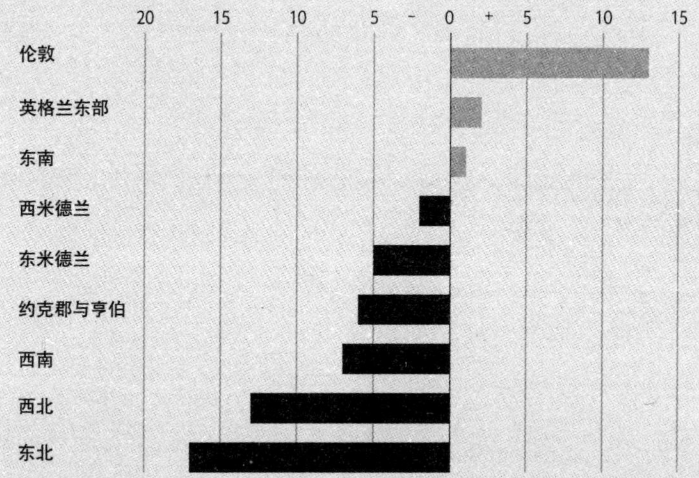

来源：英国教育部

*至1月

Chapter

05

开胃小菜：

休闲娱乐

GO

FIGURE

为什么健力士黑啤酒并不像你想的那么爱尔兰

3月17日是一年一度的圣帕特里克节，庆祝所有和爱尔兰有关的东西——有一件事尤为突出。在整个爱尔兰甚至世界其他地方，人们都会用一二（或者三四）品脱的健力士黑啤酒——爱尔兰非官方的国酒来庆祝。酒馆老板们是如此喜欢圣帕特里克节，以至于有时它不像是庆祝爱尔兰文化，更像是健力士的所有者帝亚吉欧（Diageo）公司的营销活动。这种黑乎乎的东西如今远销120多个国家和地区，已成为很有影响力的爱尔兰象征，但它到底有多爱尔兰呢?

阿瑟·健力士（Arthur Guinness）于1759年在都柏林建立了这家啤酒厂，但这种饮料有朝一日会成为如此有力的国家象征也许会让他惊讶不已。他是联合主义的信徒并反对爱尔兰民族主义；在1798年爱尔兰叛乱之前，他甚至被控为英国当局进行间谍活动。他的后代继续热切地支持联合主义——1913年，他的一位后人给阿尔斯特志愿军送去1万英镑（在今天价值约100万英镑或140万美元）以资助抵制爱尔兰获得独立立法权的准军事活动。在1916年的复活节起义中，该公司被控向英国军队出借人力和设备以帮助镇压爱尔兰叛军，之后它解雇了它认为同情爱尔兰民族主义者的工作人员。

这家公司最为出名的啤酒——波特（Porter）和司陶特（Stout）——是基于一种伦敦麦芽酒酿造而成的，也是考文特花园和比林斯市场的街头搬运工的最爱。该公司的股票自1886年以来一直在伦敦股票交易所交易，公司也在1932年将总部搬到了伦敦并一直留在了那里（1997年与大都会合并，更名为帝亚吉欧）。20世纪80年代，公司甚至考虑将自己与爱尔兰的传统割裂开来。1982年，因担心北爱尔兰问题期间爱尔兰共和军恐怖活动对销售的影响，健力士工厂被关闭，并重新将品牌宣传为在伦敦西部酿造的英格兰啤酒。但随着北爱尔兰的状况在20世纪90年代有所好转，公司的营销战略再次转变，针对爱尔兰游客和世界各地据估计达7000万的爱尔兰后裔，将产品作为爱尔兰啤酒来营销。健力士啤酒展览馆（Guinness Storehouse）本是原都柏林工厂的一部分，如今则在2000年作为旅游景点开放，再次将健力士作为爱尔兰啤酒向旅游者推广。

健力士并不是唯一一家为了刺激销售而宣扬或隐藏来源国的公司。一些商店将雅各（Jacob's）饼干作为英国品牌来营销，尽管该公司最初是沃特福德的一家爱尔兰公司。英国起源的立顿红茶在100多个国家营销——不过在本国的销量并不多。在这个跨国公司几乎控制了全球食品供应链的世界上，国家认同——至少在品牌塑造上——从来没像今天这么重要过。

豪饮、啪啪与尸体

啊，我亲爱的同胞们……我们又见面了。第24部007电影《幽灵党》（*Spectre*）于2015年10月上映。它的使命是为这部重整旗鼓的系列电影吸引更多影迷。上一部作品《大破天幕杀机》（*Skyfall*，2012）是迄今最成功的007电影，超过了《雷霆万钧》（*Thunderball*，1965）。有很多东西多年来都保持不变，从领结和百家乐，到阿斯顿·马丁到瓦尔特PP手枪——当然还有那些马蒂尼酒。但仔细看看数字就会发现，近期的007电影的成功在于更强调杀戮而非征服，并淡化了早期电影中的性别主义。丹尼尔·克雷格是银幕上第

票房邦德

平均每部007电影中：

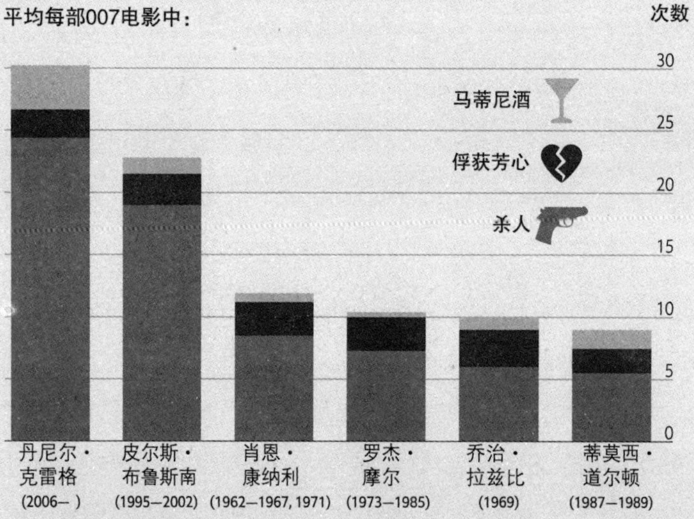

来源：Bondmovies.com、jamesbondwiki.com、《经济学人》

六位007，也是最成功的一位：他的电影平均票房高达8亿英镑（12亿美元）（不过前3部007电影的票房收入达到了制作成本的30倍以上，而最近3部只有4倍）。但既然现在克雷格表示要交回他的杀人执照，那么这个系列接下来要去向何方？在选择他的继任者时，制片方应该仔细看看数据：看来观众喜欢现场的激烈打斗胜过卧室里的古怪动作。所以，如果詹姆斯·邦德向着另一位动作英雄——杰森·伯恩的方向更进一步也不要惊讶。当然，他还是会戴着他的领结呢。

为什么人们在困难时期喜欢比萨饼

快餐业辉煌不再。2014年，麦当劳的全球年收入在12年来首度下跌，导致这家汉堡连锁店任命了新的首席执行官来扭转乾坤。随着消费者越来越注重健康，便宜的快餐似乎正在失去吸引力。但在这种下降趋势中，有一个引人注目的例外：外卖汉堡卖得少了，人们对比萨饼的兴趣似乎与日俱增，无论是独立比萨饼店还是连锁店。麦当劳收入下降，达美乐比萨饼的数字却持续上升：2016年3月，这家比萨饼连锁店称2015年最后3个月国内销售强劲，并且其国际部门同店销售连续88个季度实现增长。比萨饼日益流行的原因是什么？

长期以来，比萨饼在意大利一直是备受人们喜爱的一种廉价快餐。从18世纪的某个时刻开始，人们就把番茄放在大饼上。20世纪初，意大利移民让比萨饼在美国流行开来。需求在第二次世界大战后变得越发旺盛，这要归功于战争归来的美国士兵在意大利爱上了比萨饼。

今天，比萨饼受益于健康烹饪的趋势——不过配不配得上还不好说。比萨饼上撒满了包括蔬菜在内的新鲜配料，人们就认为它肯定比汉堡更健康。（事实上，一个中型素食比萨饼包含的热量可能是巨无霸的4倍之多。）比萨饼也得益于消费者在金融危机后收紧了开支，叫比萨饼外卖比下馆子要便宜，人们不去餐馆而退而求其次的做法让比萨饼店受惠。而且随着经济在危机后复苏，由于家庭预算仍然受限，外卖依然流行。

但让消费者迷上比萨饼的秘方是菜单创新。比萨饼连锁店不断拿出诱人的（某些情况下则是恶心的）新品种，以维持消费者的兴趣和忠诚，比如饼皮塞满了培根和奶酪的比萨饼，饼边撕掉一块的比萨饼，填满了奶酪的大蒜面包，甚至是四周摆满了小汉堡的比萨饼。更精明的是，这些新奇的比萨饼很难在家里做出来。难怪比萨饼占快餐食品消费的比重越来越大。

为什么女子运动不如男子运动受欢迎

2014年7月27日，环法自行车赛男子组赛前几小时，一群女自行车手冲上了香榭丽舍大街。这是“La Course”的首场比赛——环法自行车赛的举办方组织的一场单日活动，也是试图推出主赛事女子版本的最新尝试。由于赞助商和公众缺乏兴趣，以前的努力都失败了。打造女子巡回赛的困难显示了一个更为广泛的现象：除个别案例外，专业女子运动远不如男子赛事受欢迎，为什么呢?

有人说，如果有更多的赞助和媒体报道，女子运动就会更受欢迎。媒体和赞助商则反驳说，如果女子运动吸引了更多的目光，他们自然会为其投入更多的时间和金钱。各方对于一项运动成功的要素并无异议：在消费者、媒体和商业吸引力之间取得平衡。

赞助商不愿意资助曝光度不高的个人和团队——并没有多少女子运动员能够获得很高的曝光度。美国女子体育和健身基金会（WSFF）估计，2013年，女子运动得到了媒体报道的7%以及商业赞助总价值的0.4%。这是一种恶性循环：观众想看最高职业水准的运动，而赞助商则想要接触最优秀的运动员。由于缺乏赞助，许多女子运动员，即使是那些代表自己国家的女子运动员，也必须在工作之余抽时间训练。即使能够拿到钱，也比男同事拿得少。比如，职业高尔夫协会提供2.56亿美元奖金，而女子协会只能提供5000万美元奖金。女队教练的薪酬也反映出了这种不平等。

不过，这种情况正在改善。英国女子板球队在2014年成为职业队，她们在蝉联世界板球大赛桂冠后，与汽车制造商起亚签署了为期两年的赞助协议。历史最为悠久的网球赛事——温布尔登网球公开赛自2007年起授予女子组与男子组相同的奖金，而“La Course”的冠军奖金也与环法分站冠军相同。其他体育赛事也有意跟进。更引人注目的是，体育迷们的意见似乎也在转变：61%的体育迷接受WSFF调查时说，他们认为顶级女子选手与男子选手一样技艺高超，有超过一半的人认为女子运动观看起来同样扣人心弦。

如果越来越多的女性参加日常运动，出现更多潜在的职业选手，它的影响就更大了，而这看起来很可能会发生。在英国，自2012年奥运会后有75万名成年人参与团队运动，其中50万人是女性。女性参与者和观众的增加应该会激励赞助商和媒体平衡报道。在那之前，运动员可以考虑效法玛丽·马尔旺（Marie Marvingt）：1908年，她因身为女性而被剥夺了参加环法自行车赛的权利。她无视规则，在男性出发后15分钟坚持参赛。在那年参加4488千米比赛的115人中，只有37人坚持到了最后，其中男性36名，女性1名。

为什么吃虫子有道理

到21世纪末，世界人口预计将达到110亿。要喂饱这么多人将会是一个挑战，而气候变化对农业的影响又让事情变得更为复杂。这就是为什么有些人主张用不寻常的方式来可持续地增加食品供给并养活大家：少吃肉，多吃虫。

已经约有20亿人在吃虫子了。墨西哥人会吃辣椒烤蚱蜢。泰国人会大嚼炒蟋蟀，加纳人则把白蚁当零食。昆虫正作为新奇的菜品慢慢蠕动到西餐菜单上，但大多数人仍然觉得它们很恶心。然而吃虫子有道理的原因有三：

第一，它们比肉更健康。可食用的昆虫有近2000种，其中许多富含蛋白质、钙、纤维、铁、锌。一小份蚱蜢所含的蛋白质和类似的一份牛肉差不多，但其所含的脂肪和卡路里要少得多。第二，养殖昆虫很便宜甚至不要钱。生产它们用不了多少技术或投资。收获昆虫可以让世界上最贫穷的一些人维持生计。第三，比起家畜，昆虫作为食物来源的可持续性要好得多。所有温室气体排放中将近五分之一都是畜牧业带来的——比交通还要多。相比之下，昆虫产生较少的温室气体，养殖起来需要的土地和水也更少。而且它们几乎什么都吃。

尽管如此，大多数西方人都觉得昆虫难以下咽。一个解决方案是把从昆虫中提取的蛋白质用在其他产品，比如即食食品和意大利面酱中。不用看到虫子，同时强调对环境的益处，也许这是让食用昆虫变得再可口一点儿的最好方式了。

图解迪士尼电影史

华特·迪士尼堪称教科书般博学多才：他是创新者、企业家、漫画家、配音演员、动画师、工作室老板和主题公园的创建者与所有者，并且还是电影制片人。他创立的公司（与他的兄弟罗伊在1923年成立的卡通工作室）与他的雄心一同成长，反映出了他多面的才华。首先作为动画师，华特在丢掉了第一个人物——奥斯瓦尔德幸运兔的权利之后，创造和授权了莫蒂默老鼠（后来的米老鼠）。米老鼠出现在一系列短动画中，包括迪士尼首次尝试的有声动画——《威利汽船》（*Steamboat Willie*），由华特本人配音。随后他推出了另一些广受欢迎的动画人物，以及1930年全球首部全彩色商业卡通。之后华特·迪士尼就转向更为宏大的动画故事片。1937年的《白雪公主和七个小矮人》开启了一个极为多产的时期，诞生了《木偶奇遇记》《幻想曲》（1940年）、《小飞象》（1941年）和《小鹿斑比》（1942年）等经典之作。公司在20世纪50年代进一步拓宽业务，在加利福尼亚州创建了最初的迪士尼主题公园。

华特在1957年绘制了一幅精巧的流程图，优雅地勾勒出了公司的各个部分和战略：影片在中心，周围环绕着主题公园、商品、音乐、出版和电视。流程图显示了每个部分可如何为其他部分提供内容和推动销售。华特于1966年去世，享年65岁。然而在他去世后，公司开始偏离了他原始的模型。迪士尼的动画产出经历了一个休耕期，并被其真人电影大大超越了（从20世纪60年代到80年代后期仅仅制作了12部全动画故事片），公司通过在20世纪80年代重新发行先前的佳作，如《灰姑娘》和《小姐与流浪汉》，补上了这个差距。

不过迪士尼并没有休整多久，随即在20世纪80年代和90年代给自己的帝国加上了电视频道（迪士尼频道，ABC/ESPN）和零售商店（公司一直牢牢地掌握着商品的价值）。但到21世纪初，迪士尼先前闻名于世的创新才华似乎凝固了。自1994年工作室首席执行官杰弗里·卡森伯格（Jeffrey Katzenberg）离职后，动画部门陷于停滞。在此期间，迪士尼最成功的动画影片是那些由皮克斯为公司制作的电脑动画电影，第一部是1995年的《玩具总动员》。同时，由卡森伯格与斯皮尔伯格、大卫·格芬共同创立的梦工厂（DreamWorks SKG）也开始涉足电脑生成的动画影片，作品包括大热的《怪物史莱克》系列。迪士尼并不习惯于当老二，随即在2005年任命了具有强烈战略愿景的鲍勃·伊格尔（Bob Iger）为新的首席执行官。他重振了公司创始人华特·迪士尼的原始模型并扩大了规模，把电影放回业务的核心。伊格尔上任后进行了一系列精明的并购。他于2006年收购了皮克斯，于2009年收购了孕育了《复仇者联盟》系列电影（钢铁侠、绿巨人等）的漫威娱乐，令迪士尼的电影制作品牌重新焕发了生机。

公司于2012年斥资41亿美元收购了卢卡斯影业，控制了利润丰厚的《星球大战》系列专营权以及随之而来的所有商品和玩具销售。2015年上映的《原力觉醒》所代表的不仅仅是一个备受喜爱的科幻小说系列的复兴。这只是迪士尼在过去10年中蓬勃发展并成为整个娱乐产业艳羡对象的途径之一。过去5年间，迪士尼的利润翻了一番不止，达到84亿美元；迪士尼的股价在过去10年间上涨近5倍，轻而易举地击败了康卡斯特、21世纪福克斯公司、时代华纳和维亚康姆等竞争对手。迪士尼是这些公司中市价最高的一家，众星云集，价值达到1860亿美元。

从《幻想曲》到《冰雪奇缘》

华特迪士尼公司的历史和股价

影片发布

迪士尼乐园开业

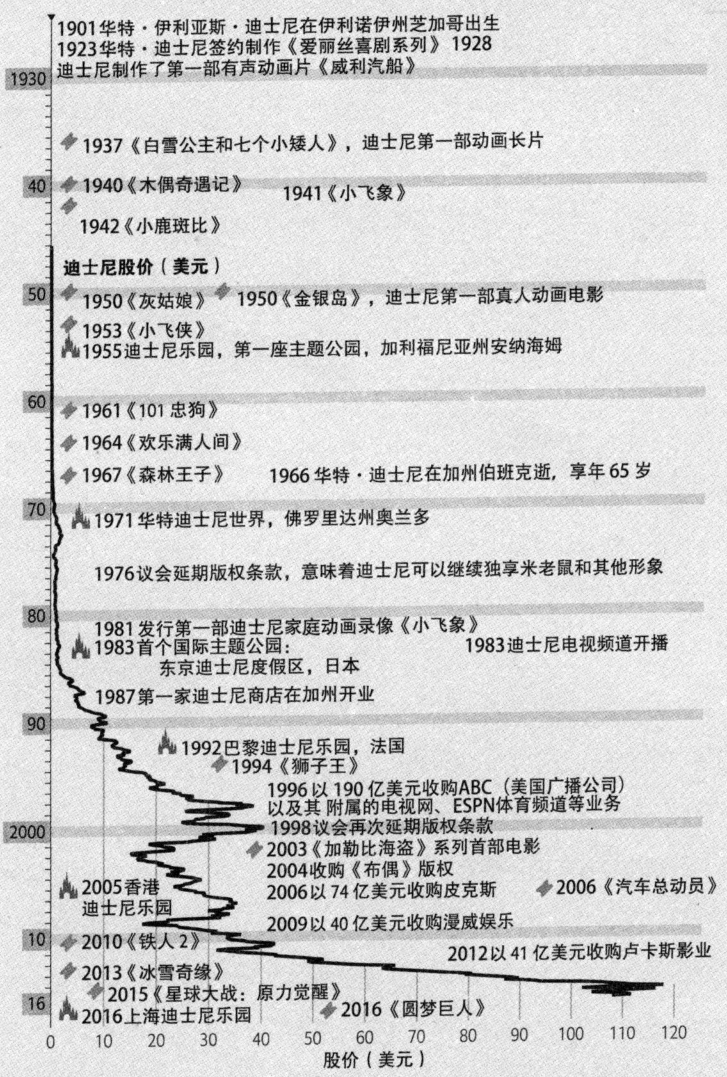

来源：全球金融数据、公司报告、《经济学人》

印度淡色艾尔啤酒何以征服世界

在拉格啤酒抓住全世界酒鬼的心之前，印度淡色艾尔啤酒（India Pale Ale, IPA）一度堪称世界第一啤酒。如今，这种琥珀颜色、啤酒花多、酒精度高的啤酒正在一步步夺回全球市场。人们对于IPA的起源和历史争论不休。印度次大陆一般都太过炎热，不适合酿造啤酒。于是几百年前，为了让军官和东印度公司的官员远离可怕的当地烈酒，从英国进口的啤酒占有了一席之地。到底是当时已经有了具有IPA特点的啤酒，还是这种酒是专门开发的——这是啤酒历史学家激烈争论的问题。毫无疑问的是，作为防腐剂和香料的啤酒花，加上用以提高稳定性的大量酒精，保证了啤酒能够经受漫长的海上旅程到达印度。事实上，在船上木桶中晃动的几个月似乎还让它更具风味。随着酿造啤酒渗透到本国市场，这种风格也在英国本土流行开来。

随着啤酒酿造行业的变化，IPA受欢迎的程度有所下滑。第二次世界大战后，随着人们抛弃老式啤酒，转向不会冒犯任何人的大杯啤酒，英国和美国的大酿酒商并购了较小的竞争对手，淡而无味的大众啤酒充斥了市场。但在20世纪80年代，酿造业再次发生变化。起源于美国的精酿啤酒革命，正是对这些平淡无味的啤酒主导市场所做出的反应。小啤酒商为税收减免以及尝试个性啤酒的冲动所鼓舞，开始小批量生产更具冒险精神的艾尔啤酒。这些啤酒的口味火了起来。如今美国的啤酒厂超过2500家，而在20世纪70年代只有约50家。随着富裕的酒徒转向葡萄酒和烈酒，啤酒消费整体在下降。但精酿啤酒增长迅速，这是因为消费者排斥大众市场品牌，转向更昂贵、更独特的酿造。

精酿啤酒商最喜欢生产的正是IPA。美国的啤酒手艺人在自己的IPA中吸取了来自英国的老配方，但也逐渐让啤酒适应自己的口味。啤酒花的大量使用让他们能够通过混合不同的味道来展现自己的技艺。美国的一些地区有像英国一样适于种植优质啤酒花的气候。强烈的味道和高酒精含量创造出了一种具有独特风格和大胆口味的啤酒，但其颜色深浅不一。美国精酿啤酒对于啤酒花的热情已经变得类似于军备竞赛——酿酒商试图在啤酒花上压过彼此（现在很多瓶子上会列出自己的国际苦味指数，即IBU，作为一种引以为豪的标志）。

如果美国没有一家啤酒商愿意放过生产IPA的机会，那么世界上其他地方也是如此。随着精酿啤酒革命蔓延到美国之外，对IPA口味的欣赏也随之流行。英国正在经历一场基于当地的农产品和手工方法的啤酒酿造复兴和美食革命。同样的变革遍及世界各个富裕国家，生产精酿啤酒的厂商雨后春笋般出现。事实上，IPA又回来了。许多英国精酿啤酒商正在使用从美国进口的新IPA配方，但又再一次调适到自己当地的口味上。就全球酒精饮料而言，IPA也许尚不能取代拉格啤酒，但它至少在与主流啤酒争夺酒吧中的空间。这会让谁尝到苦味呢?

为什么抓住体育中的兴奋剂这么难

20多年来，“50”是环法自行车赛骑手的某种“神奇数字”。它是红细胞压积的最大阈值，这个指标指的是人类不借助外部帮助时，血管中携带氧气的红细胞的比例。在《秘密竞赛》（*The Secret Race*）一书中，美国队前车手泰勒·汉密尔顿将这个数字比作自己的个人股票价格（“你是43。”他的医生告诉他）。英国的大卫·米勒称之为“自行车手的圣杯”。要是超过了50这条线，你就会因被怀疑使用EPO（促红细胞生成素）而停赛，但要是骑行时指标较低，又有被甩在后面的风险。从1998年到2013年所有的环法自行车赛前10名中，我们发现38%都使用了EPO。2014年发布的一份对于12000名田径运动员泄露的验血结果的分析表明，其中有800人（6%）“非常可能使用了兴奋剂”。然而每年所进行的测试中，只有1%—2%的人遭到了处罚。为什么抓住体育中的兴奋剂这么难呢？

嗑药（doping）几乎和体育运动本身一样古老。这个词源自荷兰语“doop”一词，指的是古希腊人所使用的鸦片类兴奋剂。喧闹的人群会来看那些异常兴奋的运动员来一场古希腊、罗马式的对决。他们的热情保持了下来并发生演化。1889年，注入了由猴子睾丸调制的混合物的美国棒球运动员詹姆斯·“普德”·高尔文（James“Pud”Galvin）完成了梦幻全垒打，《华盛顿邮报》称赞这是新药物好处的“最好证明，更彰显了这一发现的价值”。20世纪初，可卡因、乙醚和安非他明等化学品在运动员中十分流行。这些药物大部分都是针对大脑并可减少疲劳；后来，类固醇和类皮质激素药物可帮助增长肌肉。到了20世纪70年代的冷战时期，药物使用升级成了一场全面危机。大卫·爱泼斯坦（David Epstein）在《体育基因》（*The Sports Gene*）一书中写道，华沙条约组织中的国家鼓励女运动员“系统性使用兴奋剂”，且“常常是在不知情的情况下”。比如，整个历史上前80个女性铅球纪录中，有75个是在20世纪70年代中期至1990年之间创造的。这是女性在田径场上迅速赶上男性的时代。医生们发现简单地注射睾酮就可以改善她们的表现。

这从来都对运动员的健康不利，但在今天，这样的兴奋剂面临的更直接风险是被检测到并被取消参赛资格。因此，如今首选的方法是“微剂量”。人

新新希望?

原《星球大战》三部曲主演的电影生涯，1977—2015年

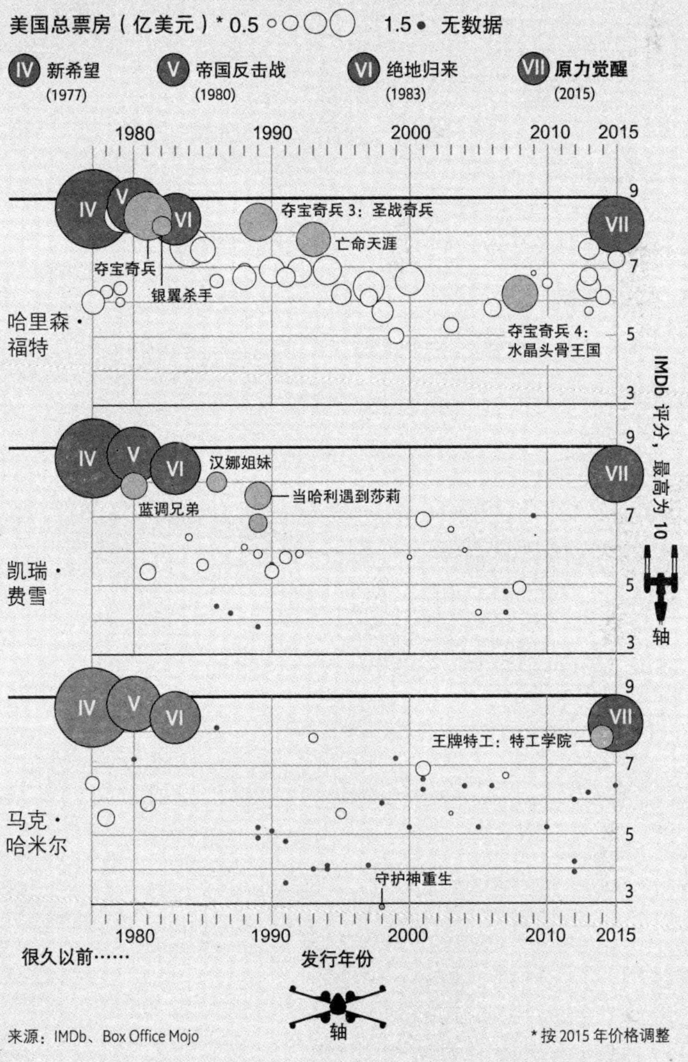

来源：IMDb、Box Office Mojo

* 按 2015 年价格调整

的忙——印第安纳和戴克都是在《星球大战》系列间隔期出场的。然而，比起1977年首部电影的巨额票房回报，连哈里森·福特的成功都显得相形见绌。

大卫·鲍伊风格百变的职业生涯

有些人说他是一条变色龙，但大卫·鲍伊却与变色龙恰恰相反。变色龙改变颜色来融入背景，他改变则是为了与众不同，并宣称别人根本无法模仿他。他从来不怕杀死自己的宠儿。1973年，在伦敦哈默史密斯剧场完成了一轮让他精疲力竭的全球巡演后，鲍伊淘汰了他最著名的第二自我“齐基·星尘”（Ziggy Stardust）。他被太多人模仿，不得不先人一步。后继形象之一是“阿拉丁·塞恩”（Aladdin Sane），曲折的彩绘闪电划过他的脸；另一个则是最为苦恼的“薄白公爵”（Thin White Duke）——一位身穿黑色长裤、黑色马甲和白色衬衫的贵族夜总会歌手，再加上个骷髅就能演哈姆雷特了。在整个职业生涯中，鲍伊探索了非常广泛的类型和风格，并与五花八门的合作者共事——然而，尽管有种种变化，他总是能够发出只属于自己的声音。

百变

大卫·鲍伊的职业生涯

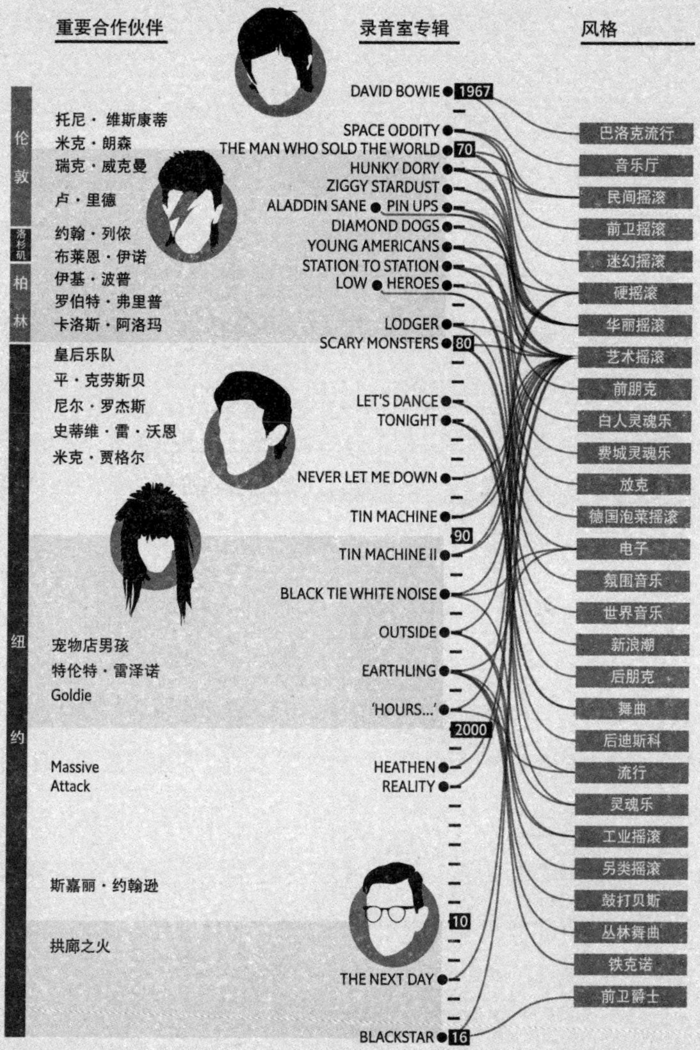

来源：维基百科、IMDb、《滚石》*NME*《经济学人》

为什么吃巧克力对你有好处

对于很多人而言，巧克力的美味毋庸置疑。但其对健康的好处并不那么明显。巧克力曾被指出会带来一连串的问题，包括粉刺和肥胖。要是量足够大，它甚至可能会让人中毒。但近年的研究发现，少量食用正确类型的巧克力实际上可能有利健康。为什么呢？简要点说，这在于巧克力的化学结构。

首先，可可豆富含黄酮类化合物，它们是天然的抗氧化剂。尤其是一种称为“表儿茶素”的物质似乎对于帮助身体清除自由基特别有效，这可能有助于保护细胞膜和抵御心血管疾病。但黄酮类化合物在受热或加工时会迅速降解，而且因为其味道苦涩，商业巧克力往往会去掉它们。所以只有生可可以及黑巧克力（程度较小）能够带来这些好处。

第二，可可含有一种叫作可可碱的兴奋剂，它对健康有积极的影响。可可碱的分子结构与咖啡因非常相似。但咖啡因的效果对于中枢神经系统更为突出，而可可碱最知名的效果之一是对心脏有益，它可以通过加速心跳和扩张血管来降低血压。它也可以促进“好”而不是“坏”胆固醇，防止动脉血管壁上积累斑块。可可碱甚至可以帮助缓解哮喘症状，因为它有助于放松身体的平滑肌（如肺部平滑肌）。一些研究显示，它在抑制咳嗽方面比可待因更好。最令人惊讶的一个发现是，巧克力防治蛀牙的功效甚至胜过了氟化物。可可碱似乎能够帮助修复牙釉质，保护牙齿不再进一步受到酸的侵蚀。

不过，除了这些好处之外，巧克力还有黑暗的一面。在罕见的情况下，吃太多巧克力会导致可可碱中毒，而这可能是致命的——但更常见的是引起恶心、颤抖或头痛。它对于动物的危害甚至更为严重。

例如，小狗吃区区100克牛奶巧克力就可能致死。这是因为它们的身体代谢可可碱的速度不够快。2014年，人们发现新罕布什尔州有4只熊在糟蹋了90磅巧克力和垃圾食品后死亡——4只熊都死于心脏病发作。即便如此，对于大多数人来说，偶尔吃一块巧克力仍然是安全甚至健康的享受。

变形器：蝙蝠侠电影——他的体型是怎么改变的呢

布鲁斯·韦恩在蝙蝠洞里装了一张举重床。看到《蝙蝠侠大战超人：正义黎明》的宣传海报，你可能会惊讶于本·阿弗莱克（孤儿亿万富翁变身夜幕下大侠的最新诠释者）雄伟的身形，他将钢铁般的目光投射到亨利·卡维尔扮演的超人身上。超人一直身形庞大——但是二人首次在好莱坞同场亮相时，蝙蝠侠看上去是体格更强壮的一个。阿弗莱克在最近的红毯采访中透露了原因："如今不是亚当·韦斯特[1]的时代了。你不能只是翻身下床套上衣服就好了。观众希望你看起来像一个超级英雄。"

讽刺的是，由Moviepilot收集的数据表明，自从蝙蝠侠在50年前首次出现在故事片中以来，韦斯特的身材最接近漫画书中描述的哥谭战士的形象：6.2英尺（1.89米）高，体重210磅（95千克）。然而很少有人认为韦斯特的诠释是最好的。他那身有损形象的氨纶装束（直到1989年迈克尔·基顿的版本才有

1　亚当·韦斯特（1928—2017），电视版《蝙蝠侠》的首位扮演者。

布鲁斯的长势

银幕上蝙蝠侠的估计身高和体重

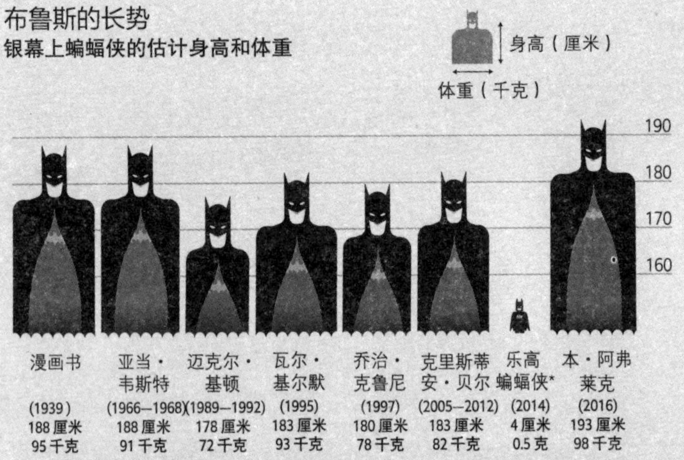

来源：Moviepilot、IMDb

* 源自《乐高玩电影》，非按比例

模压的蝙蝠侠服装）与死亡不切实际的擦身而过让人忍不住发笑。相比之下，克里斯托弗·诺兰导演的蝙蝠侠三部曲——由肌肉发达的克里斯蒂安·贝尔饰演——得到了评论家的赞誉，尽管稍稍小了一号。

未能精确满足韦恩的身形描述对于现代电影并不是一场灾难。基顿是最矮小的蝙蝠侠扮演者，体重只有159磅，身高仅5英尺10英寸。为了弥补这一点，轻量版的超级英雄在拍摄时要么是在狭窄的过道（看起来会比较宽），要么靠近相机，而其他任务也不断提到“六英尺蝙蝠”的说法。乔治·克鲁尼对这个角色来说也有点儿矮，不过在命运坎坷的《蝙蝠侠与罗宾》（1997）中却看起来十分魁梧雄壮。他绝不会与“超级战士”贝恩共享荧幕时间，在影片高潮时也只会与搞笑的急冻人（阿诺德·施瓦辛格饰演）肉搏。

后来的蝙蝠侠就用不着这样的编排了。瓦尔·基尔默的硬朗身形自不待言，剧本上也帮了些忙：他的情人妮可·基德曼，深情款款地让我们盯着“他的眼睛，他的嘴唇，他的身体”。贝尔在《蝙蝠侠：侠影之谜》（2005）和《蝙蝠侠：黑暗骑士崛起》（2012）中裸露上身训练。阿弗莱克也不甘示弱，在有轮胎和铁链的蒙太奇中挥汗如雨地半裸训练。

反派的身形也变得更为强壮。韦斯特与会爆炸的鲨鱼纠缠，克鲁尼与急冻人打斗，还有希斯·莱杰获奥斯卡奖的无政府主义小丑“想要看着世界燃烧”，但最近的敌人都像个打手。在最后一部诺兰执导的蝙蝠侠电影中，汤姆·哈迪扮演的贝恩通过碾碎气管、砸碎头骨来实现他的邪恶目标。这一次，我们看到披着斗篷的战士的肌肉不如对手，对手把他举到空中再摔到地板上，念念有词：“哪个会先碎掉……他的精神还是他的身体？”

为了征服他最新的克星——来自氪星的超人，韦恩又增重了不少。然而蝙蝠侠的角色既要有力量，又要隐秘。阿弗莱克的身形确实令人印象深刻，达到了他看起来“像个超级英雄”的目标，但笨重身体的移动就像是人类的公牛闯进了哥谭的瓷器店。在过去50年里，蝙蝠侠挫败邪恶阴谋时，对大脑的依赖至少不逊于四肢，如果不是更多的话。他的战斗并不是太依靠身体，更多的是心理战。也许是该放弃举重床的时候了。就蝙蝠侠而言，身形庞大并不总是好的。

为什么印度人这么热爱板球

在外人看来，印度人对板球的热爱，无论是其庞大的规模还是狂热程度都一样令人费解。2014年2月，印度将最高公民荣誉“印度国宝勋章”授予最近退役的板球运动员萨辛·坦都卡（Sachin Tendulkar）。在这个有13亿人口却只有一种流行的体育运动的国家，数以百万计的印度人疯狂地进行庆祝。当印度的国家队参加大型赛事时，估计有4亿人会收看电视。然而板球在印度的腾飞本身是件概率极小的事情。这项运动要打好很难，需要空间、优质草坪和昂贵的设备——只有一小撮印度板球运动员能够享有。大多数人永远都不会佩戴保护垫或是投掷真皮制成的球。那么印度人为什么如此热爱这项运动呢?

和很多人的想法相反，印度在板球上的成绩并不能解释这一点——如果能解释的话，曲棍球受欢迎的程度要高得多。1928年至1956年，印度曲棍球队连续六次夺得奥运金牌，这种统治地位是印度板球运动员从来都可望而不可即的。尽管印度的板球运动员比其他国家的总和还要多，但印度直到最近才在板球上拥有稳定的竞争力。

板球征服印度也并非殖民者的诡计。19世纪时，统治印度的英国人从未打算让印度人皈依自己喜欢的运动。但业已证明，这是导致板球惊人蔓延的根本原因，并且也许是最重要的原因。一些最富有、最有雄心的印度人——包括孟买和其他地方的拜火教和印度教商业群体——渴望获得英国对这一运动的尊崇，也自备器械开始参与（确实如此）。于是，板球成了印度精英阶层的运动，其承载的政治意义一直持续到今天。印度第一任总理贾瓦哈拉尔·尼赫鲁也为印度议会方打出第一棒，这成为印度广泛保留英国文化和机构的象征。没有任何其他运动在印度受到过这种顶级的优待。

但印度板球并不仅限于精英。板球最早从孟买开始流行。大量的群众到场观看拜火教和印度教队伍以及殖民统治者之间相互比赛。这反映在时间和地点上——孟买纺织厂的大幅增长催生了新的有组织劳工阶层，他们有了一些空闲时间，也有了些闲钱。它也许还反映了传统印度社会的等级制度。

晚些时候，随着大众传媒，特别是电视的发展，这项运动人气大增。1989年，印度约有3000万家庭拥有电视机。如今这一数字已超过1.6亿，板球在一定程度上推动了它的爆炸式增长，因为这是印度人最想看的东西。反过来，印度板球迷也翻了几番，这项国民运动的性质也发生了变化。印度板球不再是精英运动，而是更侧重草根阶层。这项曾经的英式夏季运动，已经在印度变成了明星辈出、高度政治化、价值数十亿美元的产业。在这纷扰之中，板球那传说中的绅士理想——优雅的举止和公平竞争，充其量只能算是若隐若现了。

Chapter

06

极客说：

从技术上来讲

GO FIGURE

如何跟踪网络武器

互联网改变了所有行业。从书籍配送到报纸出版，甚至间谍活动也不例外。2014年11月，美国杀毒软件公司赛门铁克宣布发现了Regin，一种潜伏在俄罗斯和沙特阿拉伯（以及其他地方）计算机网络中的复杂恶意软件，可以窃取它遇到的任何秘密。就在几个星期前，另一家反病毒公司卡巴斯基实验室宣布了DarkHotel的存在——这又是一个间谍软件，专门针对在亚洲酒店入住的大企业老板和其他权贵。这两个软件都精致、成熟而复杂。为此，反病毒公司认为它们是某些国家的产物。DarkHotel初步指向韩国，Regin则被认为是英国人的作品，可能得到了美国人的帮助。但是反病毒研究人员又是怎么知道病毒从何而来的呢?

答案是他们不知道，至少不确定。事实上，电脑化间谍活动的吸引力之一（至少对于间谍们是如此）在于要找出任何一次攻击背后的人物都十分困难。与人类间谍不同，计算机代码说话不带口音；它也没有可供调查的伪装故事。因此反病毒研究人员必须依赖推理、猜测和任何可以连在一起的蛛丝马迹。最著名的国家级恶意软件之一Stuxnet被用来破坏伊朗的核计划所用的离心机。怀疑自然落在以色列头上——它是该地区技术最发达的国家，并且长期以来一直担心伊朗在制造核武器（有传言称以色列曾考虑空袭伊朗的工厂）。作为以色列的主要盟友和伊朗的主要对手之一的美国也难逃嫌疑。这两个国家都从未承认参与Stuxnet的研制，但美国官员也从未否认。

有时代码本身可能包含线索。比如，DarkHotel的目标大多在亚洲（目标最多的国家是印度、日本和中国）。计算机代码包含朝鲜语字符，以及一位韩国程序员的在线别名。Regin的一个模块叫作“LEGSPIN”，这是个板球术语，可能在缩小嫌疑人的范围。分析它的研究人员指出，Regin似乎与对Belgacom的攻击中使用的软件非常相似（甚至相同）。Belgacom是一家大型比利时电信公司，其客户包括了欧盟的主要机构。前美国间谍爱德华·斯诺登泄漏的信息将此次攻击与英国人联系起来。

但这一切都没有定论。间谍们大概知道他们的对手（以及民间安全研究人员）会对他们遇到的任何电脑漏洞做反向工程。所以，留下的线索要么是意外留下的，要么就是故意设置的障眼法。芬兰反病毒公司F-secure的老板米克·许珀宁（Mikko Hypponen）指出，早期的俄罗斯电脑间谍攻击被故意设计得看似来自中国。和所有的间谍活动一样，没有什么是说得准的。

在线广告商如何读懂你的心

任何用过互联网的人都会熟悉那种似曾相识的感觉。你登录一个你可能从来没有去过的网站，结果却发现广告展示着你熟悉的东西：比如你挑选过的一双鞋，或是你查询过却没有预订的酒店。是广告商能够通灵，还是他们在窥探你？

技术的发展意味着如今的广告投放可以达到前所未有的准确性。随着人们在线的时间越来越长，他们会在网站、电子邮件服务和社交网络中分享更多的个人数据。谷歌的主要业务就是根据人们搜索的主题来投放相关广告，并协助在他人网站上显示有针对性的广告。Facebook和推特等社交网络跟踪人们在网上的动向，使得广告商能够向用户投放定制广告。还有数以千计的公司跟踪人们到哪里买东西，在线买了什么，由此推断有关他们的其他信息，如工作和收入。要做到这一点，一种方法是通过“cookie”——用户的网络浏览器中保存的小数据片段，网站可以由此确定用户（不是通过用户名称，而是通过唯一标识号）。公司可以由此跟踪人们读什么样的文章、在哪里买东西、居住位置以及其他细节，并能建立消费者的个人画像。

这让广告商可以投放给他们认为最可能有兴趣了解其内容的人——这也解释了为什么网络用户经常感到似曾相识。例如，广告商可以决定只向那些曾在一个特定网站上购物，但在点击“购买”前离开的人展示广告。用行业术语来说，这被称为“重定向”（retargeting）。广告商们知道访问其网站的用户的cookie标识号，或者从另一家公司购买该信息，然后仅对这些用户投放广告。这一过程越来越多地通过“实时竞价”的自动拍卖流程来实现。有空闲广告位的网站将用户信息以及将要显示广告的页面发送给在线广告交易所，广告商决定自己是否要对这个特定的广告位出价，而如果用户在过去曾对产品表现出兴趣，他们通常愿意出更高的价钱。整个过程都发生在不到一秒的时间里，而这正是为什么广告看似能读懂你的心思，并在网络上跟在你身边。

这固然很巧妙（也有点儿瘆人），在线广告技术甚至变得比这还要复杂。除了能够投放给特定用户，广告商还可以修改其广告使之更为相关。例如，用户曾浏览一个汽车制造商的网站并搜索一个特定的车型，广告商可能会在广告中放上该型号汽车的图片。在冬季，时装零售商可能向纽约用户展现厚重大衣的图片，而向在夏威夷上网的人们展示凉鞋。广告商现在也能够更好地控制一天中广告出现的时间，以及对哪种设备推送广告。比如，他们可以从用户使用的设备和操作系统推断收入：使用苹果电脑的人往往要比使用PC者更富有。广告尚不完全是一门科学，但它正在向科学靠拢。

在 Facebook 上发自拍照（或任何其他内容）的最佳时间

在Facebook上发帖的最佳时间是什么时候？如果你希望人们做出回应，那就别选懒散的周日。总部设在旧金山的社交媒体分析网站Klout所做的一项研究表明，每周的工作时间是个更好的赌注。答案也因地点而异。纽约人可能住在一个不夜城，但数据显示其对Facebook发帖的峰值反应时间落后于旧金山。伦敦人往往在一天中的晚些时候，工作接近尾声时才会看Facebook。东京居民最擅长将工作和娱乐分开——他们最有可能在正常工作时间之外做出回应。这给了社交网络用户一个关于何时发帖最好的指示，也说明了哪里的办公室可能对Facebook最友好。那些越来越依赖于Facebook的16亿用户流量的新闻机构也可以拿个小本记下来了。

Facebook 帖子获赞、评论或分享的概率

按照居住城市*，2014 年 10 月 15 日至 2015 年 2 月 11 日

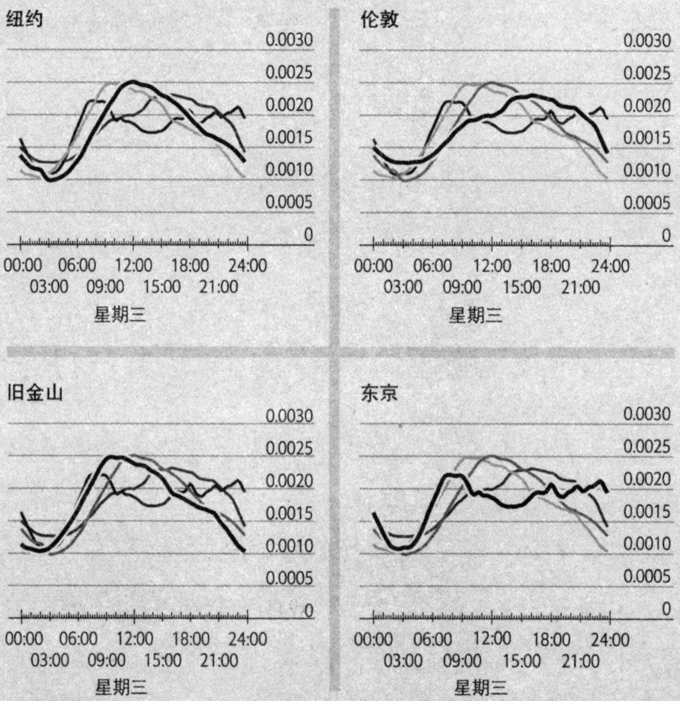

来源：Klout

*当地时间

为什么电子游戏的制作费用如此高昂

当大游戏开发商动视（Activision）在2014年9月发布《命运》（*Destiny*）游戏时，报道它的不只是游戏新闻。许多报纸都对这款游戏那让人听了想哭的预算大加评论——据称约为5亿美元。做一个电子游戏怎么要花5亿美元呢？事实是，它没花这么多——动视想把《命运》变成长期系列游戏中的第一部，并准备花5亿美元完成这一目标。尽管如此，游戏的预算还是在不断膨胀。开发商和发行商躲躲闪闪不愿公布具体数字，但千万美元级别的预算并不少见。最大、最精美的游戏花费可以数以亿计。2011年发布的在线游戏《星球大战：旧共和国》（*Star Wars: The Old Republic*）据称花费了1.5亿至2亿美元。两年后推出的《侠盗猎车手5》（*Grand Theft Auto V*）据称花费了2.65亿美元。这些数字都可以和好莱坞大片媲美了。为什么游戏制作起来如此昂贵？

原因之一是摩尔定律。计算机图形学在过去20年间有了巨大的进步：《命运》的画面是由一个约500人的团队创作的，比《毁灭战士》（*Doom*）强了不知几条街——这款1993年发行的开创性射击游戏是由几个朋友合写的。除了少数例外（如可自动创建逼真树木的SpeedTree软件），视频游戏中的所有画面都是手工制作的。随着人物、物品、级别和视觉效果变得更复杂、更精细，开发者已经别无选择，只能让越来越多的美术师来解决问题。成本上升的另一个原因是这个行业变得越来越专业。如今，好莱坞演员会受聘为角色配音（并拿到丰厚回报）。最大的开发商会把其产品的市场测试做到极致。和打磨竞选口号的政党一样，他们会把游戏片段提供给焦点用户。如果发现有什么东西太难、太含糊或根本就没意思，就要把它发回重做。这种水平的质量控制花费不菲。

但与电影业做比较可能会产生误导。电影预算通常只包括实际花在电影制作上的成本。游戏预算通常还会包含营销成本。随着游戏成为一种主流消遣，营销费用已变得非常庞大。重磅游戏，如2011年发行的《战地3》（*Battlefield 3*），会在报纸、电视、广告牌和网络上做广告。发行商举办炫目的启动晚会，做出把坦克开上伦敦牛津街等噱头。这一切的花费可能比付给制作游戏的程序员和美术师们的钱还要多。话虽如此，就娱乐的量而言，游戏比电影要多。预算最高的游戏往往是那些把玩家送进开放性广袤世界并邀请他们探索的游戏。人们只会从几个精心选择的镜头观察电影布景，游戏世界却必须经受住可以四处游荡的数以百万计的玩家来自各个角度的检验。时长远远超过3个小时的电影没有几部，但即便是一个短游戏也常常可以玩上10个小时或更多，很多游戏甚至还要再多出几倍。

不断上涨的游戏预算创造了令人惊叹的电影般的体验，但不是每个人都高兴。成本上升使得发行商变得胆小，他们更愿意迎合客户的喜好，而不是用数千万美元去冒险尝试未经考验的新东西。游戏畅销榜看起来像是好莱坞大片排行榜，很多都是续集、重启旧的可靠模式或对其做微小调整。不满的开发者离开了，开始打造自己的游戏，重新创造出20年或30年前那种在车库中开发游戏的氛围。独立游戏公司预算更低，由委员会决定的设计更少，他们基本上是行业创新发生的地方。很多人把低保真图形作为一种优势——最著名的例子就是《我的世界》（*Minecraft*）的块状视觉效果。手机游戏每次只会玩一小会儿，运行在很小的屏幕上，界面也有限，它们同样不需要大笔预算。但真正能日进斗金的仍然是那些大预算的游戏。《侠盗猎车手5》第一天就挣到了8亿美元——是其制作成本的3倍。随着最新的游戏机能够呈现越来越精美的图形，预算还会继续上升。

虚拟现实是如何工作的

如果Facebook、索尼和 HTC 如愿以偿，那么2016年最令人垂涎的消费科技产品就不会是智能手机或像纸一样薄的巨大平板电视。它将是虚拟现实（VR）头戴设备：电脑化眼镜会把用户带到沉浸式的三维宇宙中。他们可以观看全景电影、进行虚拟游览，或体验越来越多的VR程序员设想出来的迷人消遣。这些设想背后的技术是如何工作的呢?

VR创业公司Oculus于2014年被Facebook以20亿美元收购。其共同创始人布伦丹·艾瑞布（Brendan Iribe）将VR形容为“破解人类感官系统”。那么，VR公司将其破解工作集中在人类最依赖的感官——视觉上就顺理成章了。人类拥有立体视觉，这意味着人们通过两眼接收到的图像之间的细微差别来感知深度。VR头戴设备就利用了这一点，它的两个小屏幕，分别对应两只眼睛。通过仔细调整两只眼睛看到的图像，用户的大脑就会认为自己看到的是一个完整的三维世界，而不是平面图像。

下一个技巧是让这个世界看起来围绕着用户。现代的VR头戴设备装有类似于智能手机的微型传感器——加速度计、陀螺仪等——可以跟踪佩戴者头部的运动。当用户环顾四周时，计算机可以更新屏幕上显示的内容。但这些传感器必须每秒刷新数十次，误差可能会迅速累积。所以头戴设备上还可能配备了发光二极管。这样一来，房间中其他地方安装的摄像头就可以跟踪头戴设备，修正嵌入式传感器累积的误差。它还可以让计算机跟踪用户的身体。手持控制器可以给用户虚拟的手臂和手，在物理世界中往前走也会引发虚拟世界中的运动。

这一切听起来在理论上都相当简单。但制作一个可用的头戴设备挑战了现代计算技术的极限（在20世纪90年代的上一波VR热潮中，很明显技术尚不能胜任此项任务）。要让VR工作，视觉幻象必须非常平滑。人类对视觉上的不一致非常敏感，即使是很小的磕绊也会导致“VR头晕”，感觉就像是运动病一样。所以图像更新速度必须非常快。这就需要充足的计算硬件来生成每秒90帧以上的动画。跟踪用户头部的传感器与计算机交互的速度也必须能够达到那么快——任何延迟都可能造成令人不快的拖动感。尽管困难重重，工程师们相信这样的问题已经最终得到了解决。现在的问题是究竟有多少人准备花钱购买花哨的VR头戴设备——特别是把智能手机放进一个廉价适配器中也能提供类似体验，价钱却要低得多。

机器学习是如何工作的

关于人工智能（AI）的标准笑话是，就像核聚变一样，它是人类的未来已经有半个多世纪了。1958年，《纽约时报》报道称，康奈尔大学依赖军方出资开发的早期人工智能机器“感知器”（Perceptron）是“（美国海军）希望能够行走、说话、看见、写字、自我复制和拥有自我意识的电子计算机的雏形”。50年之后，有自我意识的战舰依然引人注目——它们还不存在。然而除了炒作之外，技术确实已经取得了显著的进步：比如现在的计算机比人类更擅长国际象棋和围棋了。计算机可以处理人类语言，阅读哪怕潦草的字迹。对今天的很多人来说，自动电话应答系统实在让人窝火。但对于20世纪50年代的人来说这就像魔术一样。如今AI又登上了新闻，因为在过去几年中，AI一个称为“机器学习”的特定分支取得了让人惊艳的进展。但它究竟是什么呢?

机器学习就像是字面上的意思：尝试执行一种哪怕是很低等的动物也能完成的行为——从经验中学习。计算机是一头非常咬文嚼字又喜怒无常的野兽，任何尝试过编程的人都会告诉你，困难在于计算机精确地执行所有你让它做的事，不管是愚蠢的错误还是什么。对于可以归结成简单而明确的规则的事——比如完成复杂的数学运算——这没问题。但对于比较模糊的工作这就成了一个严重的问题，尤其是人类自己也很难把规则表达清楚。1964年，美国最高法院大法官波特·斯图尔特（Potter Stewart）发现要给“色情”下一个法律上严密的定义简直难似登天。十分沮丧的他写下了一句名言，虽然他不能定义色情，但“看到时就知道是不是了”。机器学习旨在帮助计算机自行发现这些模糊的规则，人类程序员无须每一步都给出明确的指示。

机器学习有许多不同的类型。但如今登上头条的那一种叫作“深度学习”。它利用人工神经网络——计算机对于生物神经元行为的简化模拟——来从数据集中提取规则和模式。比如，在给神经网络看足够多的猫的图片，或让它听到足够多的德语讲话之后，它就能够告诉你，一张它从未见过的图片是不是猫，或者一份录音是不是德语。整体手段并不新颖（前面提到的“感知器”就是最早的神经网络之一），但不断提升的计算力已允许深度学习机器模拟数十亿个神经元。同时，互联网上提供了前所未有的大量数据来供算法消化。结果可能让人震惊。比如，Facebook的Deep Face算法在识别特定面部时几乎已经达到了人类水平，哪怕光线不佳、角度奇特。垃圾邮件问题也比以前大有好转，因为网上流传的大量邮件让电脑学会识别垃圾邮件，并在其到达你的收件箱之前将其转向他处。

谷歌、百度和微软等大公司正为人工智能的开发投入大量资源，旨在改善搜索结果，构建可以和你对话的计算机系统等。从在医疗图像中寻找肿瘤，到将编写销售报告这样的后台工作自动化，许多创业公司想要将这种技术用于一切。自动语音或面部识别对于间谍和警察的吸引力显而易见，他们也确实表现出了浓厚的兴趣。迅猛的进步催生了末日预言——人们担心计算机可能会变得比主人更聪明，甚至可能会取而代之。这种担心并非完全没有依据。哪怕是现在，科学家们也没有完全搞清楚大脑是如何工作的。但它并没有什么神奇的超自然力量——这意味着原则上在机器中建立类似的东西应该也是可能的。某些概念上的突破，或计算能力的稳步增长，也许有一天会带来具有自我意识的超级智能计算机。但在现在和可预见的将来，深度学习机器仍将是模式识别的引擎。它们并不打算接管世界，但它们将撼动职场。

科技重心转移

作为全球科技业的枢纽，旧金山、硅谷和其间沿着湾区海岸的狭长地带刚刚度过了黄金10年。该地区最大的公司已飙升到一度不可想象的高度，成为全世界眼中美国资本主义最令人兴奋部分的代表。硅谷几乎颠覆了全球经济的所有方面，转变了公司做出决策、人们结交朋友和抗议者争论不已的方式。

由于全球智能手机使用的增加，今天的高科技公司能以前所未有的速度触及更多的人。其结果是它们成长得更快，并吸引到更多的钱。这些数字让人目瞪口呆：叫车公司优步（Uber）目前估值410亿美元，让人们将自己的家或多余的房间变成旅馆的爱彼迎（Airbnb）目前估值260亿美元。这种成功使其更容易吸引富有的风险资本家，让今天的创业企业能够维持私有更久（并避免监管风险）。价值10亿美元的创业企业放在以前是极为罕见的，但到了2015年底，美国科技行业有74家这样的“独角兽”，总价值2730亿美元。

随着创业公司的财富蒸蒸日上，其所在的地理位置也是如此。在20世纪90年代，大部分此类公司是在旧金山湾区南侧帕罗奥图和芒廷维尤等地，如今大多数大型上市公司依然坐落在这里。但今天年轻的私营企业更喜欢靠近城市中心：优步、Dropbox、Pinterest和爱彼迎都将总部设在了旧金山。

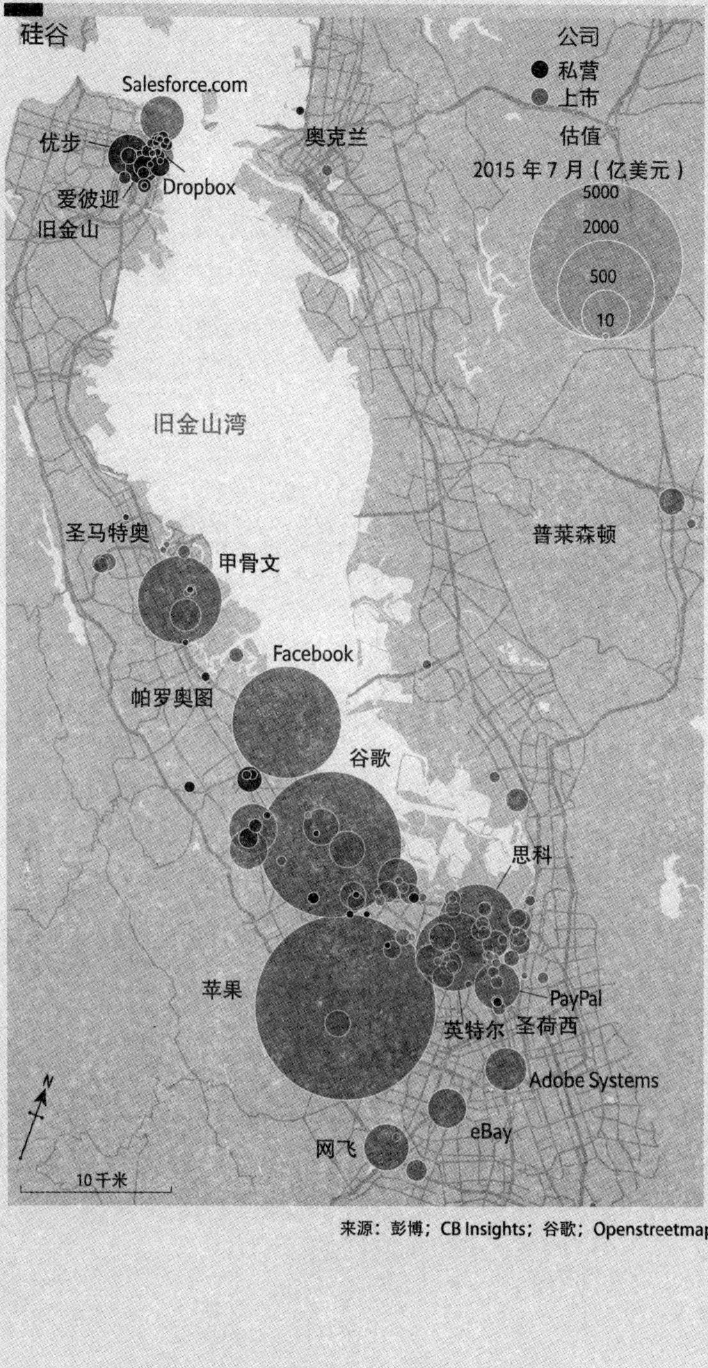

来源：彭博；CB Insights；谷歌；Openstreetmap

技术如何让时装周过时了

时装设计师本应热爱时装周。这是几个月工作后的巅峰时刻，名流争着要参加他们的走秀，然后研究每个模特，就好像世界的未来取决于一条裙子的剪裁一样。但设计师们对每6个月举办一次的仪式心怀不满——以至于美国时装设计师协会（CFDA）委托了美国也许最没有魅力的人——管理顾问们来研究他们的抱怨。波士顿咨询集团采访了50多人，包括设计师、编辑、博主和零售商。那他们到底为什么报告称时装周不再时尚了呢?

时装周本来只有一个目的，那就是设计师将准备的时装作品展示给新闻界、主要零售商和其他业内人士。然后时尚编辑会制作华美的杂志跨页来介绍他们最喜爱的时装。零售商会订购这样那样的衣服。4—6个月后，那些衣服会出现在商店里。

技术把这一切都颠覆了。只要模特一踏上T型台，照片就会在线张贴出来，并在各种社交媒体上无休止地分享。快速时尚品牌会复制（尽管该行业喜欢委婉地称之为“诠释”）设计师的风格，常常能赶在设计师自己的衣服进入百货公司前就在自家商店中堆满仿制品。姗姗来迟的设计师的衣服终于上市了，然而看起来已经有点儿过气了。位居该行业前两名的零售商TJX（TJ Maxx/TK Maxx 背后的公司）和Inditex并非巧合。TJX从那些无法全价销售品牌服装的商店购买服装，并以很低的折扣销售。Inditex拥有快速时尚先锋品牌Zara。

没有几个设计师喜欢当前的体制，但应该怎么改进却没有一个明确的思路。一个想法是，时装品牌应该只在私下将服装展示给某些人，如零售商和一些媒体。几个月后，那些服装已经进入商店，设计师再举办一个更大型的公开展示。当然，图像泄漏的威胁依然存在。另一个想法是继续当前的体系，但让其中一小部分衣服立即上市。设计师已经在测试新的想法。例如，巴宝莉和汤姆·福特称其2016年9月的时装展上将展示立即上市的时装。在可预见的将来，时尚界还将会有新的试验。

代码是什么

从电梯到汽车，从客机到智能手机，现代文明是由软件支撑的。这种数字构造让计算机及其控制的设备执行计算，并对其周围的环境做出回应。软件是怎么到这些地方去的呢？得有人写它。然而“代码”（程序员精心创作的符号序列）和“软件”（计算机执行的指令序列）还不完全是一回事。那么它究竟是什么呢？

编码，或编程，是为计算机书写指令的一种方式，它填补了人类表达想法的手段与计算机实际工作方式之间的鸿沟。编程语言（有成百上千种）通常不能由计算机直接执行。相反，以某种“高级”语言，比如C++、Python或Java编写的程序会由一套特制的软件（编译器或解释器）翻译成计算机能够真正运行的低级指令。在某些情况下，程序员会直接用低级指令编写软件，但这耗时又费力。一般来说，高级编程语言用起来会容易得多，因为这些语言更容易高效而准确地表达复杂、抽象的想法或命令；程序员也不必再担心有关最终执行程序的特定计算机内部的烦琐细节。因此，用高级语言编写的程序可以在各种不同的计算机上运行。

编程语言有许多家族和风格，就和人类语言一样。比如，C有很多方言；还有一族“函数式”编程语言；有些语言专为“并行处理”（若干程序同时运行以完成特定任务，如图像处理或气象预报）做了优化。与人类语言一样，这些编程语言都能够表达同样的思想，并且在理论上讲，可以用任何语言编写任何程序。但在实践中，某些语言就比其他语言更适合某些用途，就像传统上法语用于外交，而英语则是国际商业语言。如果你会说几种不同的语言，要再学习一门语言也会更容易——编程语言也是如此。一旦你理解了一些通用功能（循环、递归、条件、正则表达式等），你常常可以很快上手一门新语言，特别是新的语言和你已知的语言比较相似的话。

从某种意义上说，编写一个程序然后运行它就像是魔法。代码中的数字、字母和符号被转变成了由微观电路执行的指令来实现预期的结果。屏幕上出现了像素，电梯运行了，机票订好了，列表按顺序排好了，邮件发出去了。但这些结果貌似神奇，并不意味着代码神秘而不可接近。事实上，编码的乐趣之一，就在于计算机恰恰是神秘的反面：它们一丝不苟地以可预测、一致而确定性的方式运作。大多数人工作中并不需要写代码。但有一些基本的编码经验还是有用的，不单单是为了理解计算机如何工作。正如网景浏览器的创始人马克·安德森（Marc Andreessen）喜欢说的，将来会有两种职业：一种是你告诉计算机要做什么，一种是计算机告诉你要做什么。如果你担心你的工作有可能被自动化抢了去，那么学习编程可能会是一张有用的保单。即使你不担心，编程也挺有意思的。

手不释机

地球正在迅速成为一颗电话星。今天，全球有超过20亿部智能手机投入使用，该数量预计到2020年还将翻一番。届时，近80%的成年人口袋中都将拥有一部计算力超过不久前的超级计算机的设备。要了解到时候人们会把多少时间花在智能手机上，看看今天的年轻人就可见一斑：图表（见下页）显示他们在一天中任何时候都比老一代人用手机多得多。英国电信监管机构Ofcom称，16—24岁的人每天使用设备将近4小时，55—64岁者的使用量只有他们的一半。不过，要是评估整体屏幕时间的话，智能手机离电视等老牌技术还有一些距离。

智能手机使用

一周内各时间段报告使用百分比*

按年龄段分组

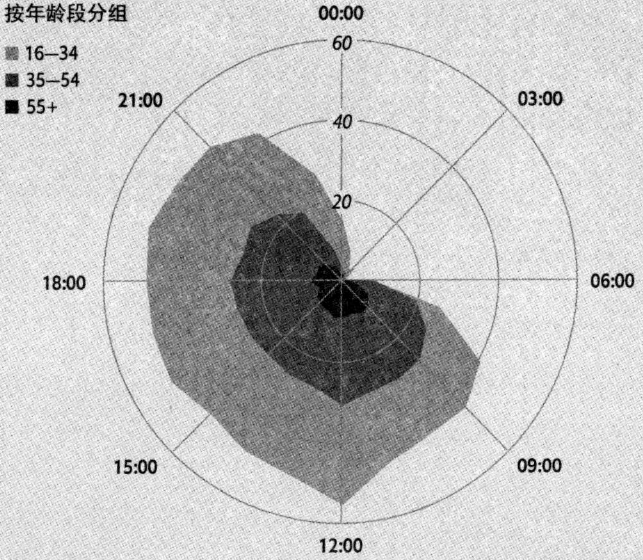

来源：Ofcom

*2014 年 2 月至 4 月调查 1644 位英国成年人

太空垃圾的麻烦

美国国家航空航天局（NASA）称，地球上方的太空中堆了约2.3万块直径10厘米或以上的人造太空垃圾，它们以极快的速度划过太空，对工作中的卫星造成威胁。据欧洲航天局估计，因报废卫星、废弃火箭和其他杂物（如发射适配器、镜头盖、铜线和单只手套等）引发的碰撞报警在过去10年翻了一番。每次碰撞都会产生更多的垃圾——这种现象被称为“凯斯勒现象”，以20世纪70年代提出这一现象的美国物理学家唐纳德·凯斯勒（Donald Kessler）命名。为什么太空垃圾问题日益严重?

近地轨道，即地球上方160千米至2000千米的区域，对于太空探索至关重要。在精细扫描地球的约1300颗军用或民用卫星中，约有半数处于这个区域。凯斯勒说，那里还散落着“约5000个物体，要么是火箭箭体，要么是废弃的有效载荷”，这很危险。以每小时1.7万千米的轨道速度飞行的一片油漆能够在航天器上砸出一个坑，杀死一名宇航员，甚至造成足以让卫星偏离轨道的破坏。失效火箭中携带的未使用燃料容易随机发生爆炸。2015年2月，美国一颗气象卫星电池发生小故障导致爆炸。这一事件将100多片新垃圾送入太空。2009年，一颗俄罗斯卫星意外地撞坏了一颗美国卫星，也造成了环绕地球的太空碎片数目增加。如果不断制造太空垃圾，未来的发射任务将面临很大的新限制。

各国空间机构和私营公司都提出了各种各样的方法来收拾这个烂摊子。日本科学家们建议在国际空间站上安装激光器，将碎片推入地球大气层，随后它们会无害地燃尽。NASA的科学家们也建议用陆基激光器做同样的事情。2015年3月，欧洲空间局试验了用来捕捉移动碎片的网。日本航空航天探索局制造了电动系绳，当它绑在一块太空垃圾上时会让它慢下来并落到一个较低的轨道。全球各地的空间机构也在考虑其他选项。位于地球同步轨道（地表上方约3.6万千米处）的死卫星有时会被推入300千米之外的“墓地轨道”。新技术可让火箭在送达有效载荷后重新点燃引擎，降低轨道然后在地球大气层中焚毁。许多国家已同意，卫星设计应使其在运行寿命结束后25年内在大气层中无害燃尽。

总而言之，人们并不缺乏想法，但解决这一问题仍然很难。“没有国际监管机构来强制执行这些规则。”凯斯勒说。空间机构和商业卫星运营商不愿意奉献宝贵的燃料或减少卫星的使用寿命来确保这些天体有良好的归宿。干涉属于其他国家的太空垃圾也有问题。“根据当前的国际法律体系，发射国对其送入轨道的物体有永久主权和控制权。”智库安全世界基金会的太空碎片专家布莱恩·维登（Brian Weeden）说道。在2012年2.2万片编入了目录的轨道垃圾中，只有1.6万片的发射国是已知的。就算搞清了所有权，要是这些物体被不小心推到了错误的方向导致提前爆炸，到底谁应该负责也不清楚。在这些限制之下，美国国防部（和一些会收取费用的创业公司）分享关于碎片轨迹的信息，帮助其他机构避免麻烦。问题是有些棘手，但不是不能解决。凯斯勒估计，去掉500个最危险的物体，即使以每年只能去掉5个的缓慢速度，也能以适中的花费解决大部分问题。完成这一点的技术已经存在，主要的障碍在于监管。

比特币的工作原理

比特币，世界上“第一个分布式数字货币”，是2009年由一个神秘人推出的。我们只知道他化名中本聪。自那时起，单个比特币的价值波动很大，在2013年底达到了1000美元的高点，然后回落到这一价格的一半不到，2016年又反弹创下新高。比特币到底是什么，它又是如何工作的呢？

不同于中央银行发行的传统货币，比特币没有中央货币管理者。相反，它的基石是用户的机器组成的点对点计算机网络，类似于文件共享系统BitTorrent以及音频、视频和聊天服务Skype背后的网络。随着网络中的计算机执行困难的数字运算任务后，比特币会以数学方式生成，这一过程被称为比特币“挖矿”。比特币系统的数学被设置为随着时间推移越来越难“挖掘”，而总共可供开采的比特币上限约为2100万。因此，中央银行无法发行大量的新比特币来让那些流通中的比特币贬值。

整个网络都被用于监视和验证“挖矿”得来的新比特币，以及用户之间的比特币转移。所有交易都有一个集中维护的日志，每个新交易都会在整个比特币网络中广播。参与的机器会相互沟通以创建并协调官方日志的更新。这一进程需要大量的计算，也就是比特币“挖矿”的过程：大约每过10分钟，日志更新被网络批准的用户就会被授予固定数目的比特币。这促使比特币迷们打造更加强大的计算机来用于比特币“挖矿”。

比特币（或分数比特币，称为“聪”/satoshi）可以在几家交易所购买和出售以换取传统货币，也可使用适当的软件直接从一个用户转移给另一个用户。这使得比特币有望成为对清算国际交易有吸引力的货币，用不着对付银行收费或是汇率了。一些互联网服务（如web托管和网上赌博）也可使用比特币支付。系统的复杂性和不透明性意味着它也会吸引那些有邪恶目的的人，比如洗钱或购买非法毒品者。但由于使用它所需的软件仍然如此复杂，单个比特币的价值波动又如此之大，大多数人对于使用比特币仍会心存疑虑。正如BitTorrent并不是第一个文件共享服务，Skype 也不是第一个互联网语音服务，比特币也许是虚拟货币领域的先驱，但更容易使用的竞争对手会让其黯然失色。

Chapter

07

生命科学

如何寻找时光旅行者

时光旅行不单是科幻小说的支柱，也是严肃（或至少是半严肃）投机理论家的灵感来源。一些人致力于研究如何有可能在理论上（如果难以实践的话），利用黑洞、虫洞或宇宙弦的奇异配置来打造时间机器。其他人则思考是否存在“自我一致性原则”来确保时光旅行者不会导致矛盾情况，例如，回到过去并谋杀自己的祖先。然后还有些人采取了实验性的方法，并直接寻找时光旅行者。他们是怎么做的呢?

麻省理工学院（MIT）研究生阿马尔·多拉依（Amal Dorai）的一个想法就是为时光旅行者制定一项公约，看看是否有人出现。他在2005年5月举办了一个这样的活动，邀请函被塞进了图书馆晦涩的书中或是时间胶囊里，希望人们在时光旅行成为可能的未来能够发现它们。来自未来的访客被要求将时间机器降落在专门为此活动预定的场地——麻省理工学院的排球场上。但在参加此次盛会的450人中，没有人自称是时光旅行者。2009年，英国物理学家史蒂芬·霍金进行了这个实验的变种，为时光旅行者举办一场晚宴，但只在晚宴后才发出邀请，所以只有来自未来的访客才可能出席，但没有人来。霍金表示，这构成了“实验证据，表明时光旅行是不可能的”。

这个不寻常的领域中最新的转折是利用互联网寻找时光旅行的证据，这是密歇根科技大学的罗伯特·奈米洛夫（Robert Nemiroff）和特蕾莎·威尔逊（Teresa Wilson）提出的方法。他们在互联网上搜索具有“先见之明”的信息——换句话说，暗示着了解未来的在线帖子。他们特别寻找特定时间出现的两个特定句子："Ison彗星"（2012年9月发现的一颗彗星）和"教皇方济各"（豪尔赫·马里奥·贝戈格里奥在2013年3月成为教皇时所用的名称）。任何在相关日期之前提到这些名称的文字都可能是时光旅行者的杰作。但在分析了谷歌、Facebook和推特的使用情况，检查了一个人气很旺的天文网站的搜索日志后，并未得到任何时光旅行的证据。

当然，这并不能证明时光旅行是不可能的。也许时光旅行者对彗星或教皇不感兴趣，或更喜欢保持低调。一些理论家认为，就算有朝一日发明时光机，也不可能回到比发明之日更早的时间。（如果是这样的话，第一台时光机器的发明人在打开机器的时候可能就突然被时光旅行者包围了。）但这个最新的实验是一次有趣的概念性验证，使用已经存在的技术（互联网）来寻找存在性不确定的事物。密歇根科技大学的研究者认为自己的工作室"迄今为止对时光旅行者进行了最灵敏和最全面的搜索"。他们只是半开玩笑罢了。

如何揭穿一项科学研究

如果你完成了一项重要的科学研究，名声、荣誉、微薄的学术界薪水可能会纷至沓来。你甚至可能会改变世界，正如迈克尔·克雷默（Michael Kremer）和爱德华·米格尔（Edward Miguel）发现的那样。他们在2004年发表了一篇经济学论文，显示给孩子驱虫药片可以提高其在学校的出勤率。这篇文章引发了在发展中国家进行低成本干预的进一步研究，这一切都让每年数以百万计的儿童除了虫。那些戳穿重大研究的人也可以赢得名声。2015年7月，伦敦卫生和热带医学学院的团队试图复制克雷默和米格尔的研究，只发现了原有结论“有部分证据，偏误风险很高”。接下来是头条新闻，然后是名誉扫地，最后是来来回回的指控——称研究者是在把名声和头条变现。旁观者称其为“蛔虫战争”。尘埃落定后，似乎核心信息——给孩子打蛔虫是件好事——最终并未被驳倒。那如何正确地揭穿一项研究呢?

至关重要的是要了解发现一个重要结果的过程。人类有一个有用但不可靠的倾向，就是在无意义的噪声中找到模式。科学家使用统计检验从数据中嗅探出意义，但有时候哪怕这些检验也会在毫无关系的地方显现出表面上的关联。为了防止研究者小题大做，每个科学家发布在论文中的统计关系都附上了一个“p值”。这就是他们对毫无模式的随机数据进行检验后产生相同结果的概率。较低的p值会比较好，因为这意味着这些模式不太可能毫无理由地出现：通常惯例是p值要小于0.05才会被认为一个发现值得信赖，这表明这一结果有95%的概率并非随机侥幸。所以揭穿研究的一个简单方法就是重新计算原始检验的结果（“严格复制”），并希望能在原始结果或相关的p值计算中发现错误。

戳穿谎言者自己也要小心，不要犯下相反的错误——大题小做。“检验力”或灵敏度是在确实存在关联时嗅探出阳性关系的可能性。检验力越高越好。医学研究人员在重复实验时所用的一个方法，就是将大的两年期测试样本分成两个一年期测试样本。样本的数目减少了，检验所用的信息更少了。这反过来降低了检验力，意味着更多的阳性关系可能未被发现。原始研究报告的作者说，这就是为什么重新分析未能检测到驱虫和学校出勤之间的相关性。

所以社会科学研究到底要用哪种统计检验呢？令人惊讶的是没有一个标准答案，特别是当涉及多个学科、数据混乱的时候。医学研究人员为自己选择的方法辩护，说其反映了医学上的普遍做法——在医学上，严密受控和随机的试验是常态。但适合医学的方法可能在其他环境下太过严苛，从而对经济学家发现的阳性结果太过不屑一顾。重复者应当坦陈其检验力，就像是寻求相关性的人必须披露p值一样。不过如果你想要揭穿一项研究，主要的问题在于基础数据通常是不会共享的，所以根本无法复现。在本例中，蛔虫研究的原始作者采取了勇敢而不同寻常的手段使其数据广泛公开。然而，讽刺的是，这让其工作暴露在比大多数研究严格得多的审查之下。哥伦比亚大学教授克里斯·布拉特曼（Chris Blattman）敦促所有人都要谨慎：“我们应该记住，大多数科学研究都不大经得起仔细审查，大部分都是完全错误。”但只有在试图重复或揭穿研究后，研究人员才能知道哪些研究值得信赖，哪些不值得。

为什么兹卡病毒被忽略了这么久

2016年2月1日，世界卫生组织宣布兹卡病毒的传播成为全球公共卫生紧急情况。人们怀疑这种似乎凭空冒出来的病毒，会让孕妇生出有缺陷的婴儿。但它为人所知已经有近70年的时间了。该病毒是1947年在靠近乌干达维多利亚湖岸边的兹卡森林中的一只恒河猴身上发现的。研究黄热病（另一种由蚊子传播的病毒）的研究人员将猴子关在挂在树上的一个笼子里，作为蚊子的诱饵。在这些动物的血液检测中发现了一种未知的病毒，病毒也出现在同一森林的蚊子体内——为其传播方式提供了线索。为什么兹卡病毒被忽略了这么久，现在又为什么成为紧急情况了呢?

1952年，人们首次在乌干达发现人类感染兹卡病毒。没有人确切地知道它在何时何地开始传染给人类。它可能已在猴子和其他丛林动物之间传播了千百年，直到近期才被蚊子带到了人类身上。就此而言，兹卡并非鲜见：人类六成的传染性疾病都是从动物身上传播过来的。20世纪下半叶，非洲和亚洲的一小撮人有兹卡病毒的记录。一些研究表明，它可能已经在非洲西部和东南亚地区悄悄传染。但长期以来，它并没有引起科学家的太大兴趣，也没有引发公共卫生部门的警惕——因为它似乎只会导致轻微的流感样症状，且没有报告过大规模疫情。同时，危险的新病原体在争夺研究人员和官员的注意力：自20世纪50年代以来，超过300种传染性疾病在之前从未暴露的人群中出现或重新出现，包括艾滋病、SARS、埃博拉病毒和抗生素耐药菌。

格拉斯哥大学的阿兰·科尔（Alain Kohl）说，兹卡病毒多年来可能已造成非洲很多人感染，可能引发严重的健康问题，但这些在零落的卫生系统和不良的疾病监测下都不为人知。流行病学家在2007年注意到兹卡病毒传播到了太平洋上小小的雅浦岛上，一项估计称其感染了近75%的人口——这就证明它可能实际上已经流行开来。2013年底，病毒在太平洋群岛法属波利尼西亚肆虐。那里的卫生官员注意到神经和自体免疫并发症增加，有些甚至导致病毒感染者瘫痪。

此类并发症和兹卡引发的出生缺陷的激增，在病毒于2015年到达巴西时更容易被发现，其原因有两个。第一个原因是感染兹卡的人多了许多，所以小头畸形（受感染的母亲所生的孩子大脑天生就异常小）等罕见并发症的大量出现就更容易被发现，并与该病毒联系起来。第二个原因是巴西有良好的监控体系，迅速奉命寻找兹卡病例和其可能导致的疾病。这意味着更多的病毒病例以及其造成的副作用被揭示出来——而其带来的所有危险，虽然姗姗来迟，也终于大白于天下。

为什么癌症尚未被攻克

医学在减少心脏病和中风死亡方面已经做得不错，但在癌症上就不那么成功。尽管与这种疾病斗争了40年，耗资数千亿美元，仅仅在美国，每年就有170万人被诊断罹患癌症，约60万人因此丧生。为什么癌症尚未被攻克?

主要原因是对于引发癌症的分子机制缺乏基本的了解。第一种用于对付癌症的药物治疗方式——化疗，是在第二次世界大战期间偶然发现的。人们发现暴露于氮芥（一种类似于芥子气的化学物质）中可减少白细胞计数。当时人们测试了它和其他化合物，看看是否能阻止癌细胞的生长和杀伤肿瘤。新的药物被发现，但并未揭示癌症的起因或为什么这些疗法常常只能暂时有效。

自此之后人们取得了很大的进展。有了对细胞生物学和遗传学的深入了解，如今靶向疗法不断涌现，它们在分子水平上进行设计，以识别癌细胞的特征。在化疗、手术和放疗之外，这些治疗方法——单独和组合使用——导致生存率缓慢但稳定地上升。儿童癌症和乳腺癌的治愈机会比以前高了。但仍有许多工作要做。如今，人们不再把癌症完全视为特定器官的疾病，而更多地看作特定基因突变引起的分子机制之一。这种思维转变，意味着比如大肠癌的最好治疗方法，可能是一个针对完全不同部位肿瘤而设计和批准的药物疗法。

另一种有前途的新方法——免疫治疗，利用人体自身的免疫系统来对抗癌症。在试验中，它成功地让约三分之一病人体内难以治疗的癌症出现了长期缓解。一个活跃的研究领域是预测哪些肿瘤会对哪些疗法做出反应。随着人们继续与癌症做斗争，个性化医学的出现可能会预示着巨大的进步。

来自深处

2014年12月中旬，汤加首都努库阿洛法西北方向65千米附近的一场火山喷发，让往返这些太平洋群岛的航班停航了几天。火山喷发于几个星期后结束，创造了世界上最年轻的陆地——一座纵横不到2千米，高出海平面100米的小岛。2015年1月前往该岛的当地人说，鸟儿已开始在上面筑巢。

火山岛可以很有价值。科学家使用1963年在冰岛（本身也是火山岛）海岸旁出现的叙尔特塞岛来研究植物和动物对处女地的占领。自叙尔特塞岛出现后，至少有10个水下火山喷吐出了足够的材料来冲破海洋表面、创造新的岛屿。大多数岛屿都很小，不久后就被侵蚀殆尽。持久存在的新造岛屿可以扩大一国的领海权。根据《联合国海洋法公约》，国家可以在离海岸220海里（370千米）的范围内声索渔业、航运和采矿的权利。声索海岸边新岛屿的国家可以以其作为领海主张的基础。

新岛是2013年出现在东京以南约1000千米处的火山岛，起初预计会在短期内被侵蚀并消失。但它继续增长，并在2014年与原有的火山岛西之岛合并。联合起来的陆地仍在增加。一旦它稳定下来，若看起来能够长期留存，日本可能会对其提出新的主张。海岸侵蚀和海平面上升意味着大海常常会带走陆地，但它也会时不时地还回来一些。

地球上的生命是如何起源的

20世纪大部分时间，天文学家都只认得包括地球在内的九大行星。如今，他们已经知道了太阳和其他恒星周围的2000多颗行星。但到目前为止，地球仍然是唯一的——它似乎是唯一一个出现了“生命”这种奇怪、复杂而混乱的会自我复制的化学反应的星球。面对活细胞中令人惊叹的复杂性，我们很自然地想要知道，这种东西最初是如何起源的。生物学家眼中生命起源的最佳解释是什么呢?

现代细胞依赖长长的DNA链来编码遗传信息，较短的RNA链把这些信息运送到各处，还有使用这些信息的蛋白质来执行生活所需的化学反应。如果说这三重系统一下子就完全成型似乎不太合情理。然而，其中RNA这个组成部分可以完成其他两者的职能，因此它的出现可能要早一些。和DNA一样，RNA也可以在它的结构中进行编码、存储遗传信息。和蛋白质一样，RNA也可以催化化学反应——包括它自身的复制。

现代细胞内的线索暗示了它们的确可能源于纯粹基于 RNA的生命。几乎所有细胞中都具有一种称为核糖体的结构，这种分子工厂可以将名为“氨基酸”的化学物质串联成蛋白质。这么关键的东西，其结构很可能流传下来，甚至流传数十亿年。核糖体的功能端，即真正进行装配的那一部分，就是一根长长的RNA链。现代细胞中还有一种化学物质叫作核酶——由RNA而非蛋白质构成的酶——执行各种重要的细胞功能。和核糖体一样，它们可能也是生命最早期留下来的生化化石。这种由小股物质进行自我复制并有时发生变异的“RNA世界”也许从理论上来说是可行的。但这又引发了另一个问题：RNA从何而来？

要回答这个问题，一种方法是从一些基本的化学入手，看看能得到什么东西。此类实验中最著名的一个是1952年由斯坦利·米勒（Stanley Miller）和哈罗德·尤里（Harold Urey）所做的。他们在一个烧瓶中充满了水、氢气、氨气和甲烷——人们认为这种化学物质的“原始汤”大致代表地球早期的大气。以电火花形式加入能量后，生成了含有几种氨基酸的沉淀物。但自此之后，这种“原始汤”失宠了。相反，美国国家航空航天局研究员迈克尔·罗素（Michael Russell）等科学家认为，生命可能起源于称为“白烟柱”的水下柱体，即富含矿物质的水经火山加热后从海底冒出来。这些烟柱具有蜂窝状结构，伦敦大学学院的尼克·莱恩（Nick Lane）的实验表明，这些蜂窝中的孔可作为原始细胞，在其中富集有机物质，甚至像现代细胞一样建立电梯度。到头来，没有时间机器，人们只能去争论不同理论的相对合理性。但“白烟柱”是生命起源的理论，是迄今为止提出的最为合理的一个。

为什么盐可能并不是那么有害健康

传统的英式早餐必备熏肉、香肠和鸡蛋——这些食物都含有大量的盐（氯化钠），不过还是不如以前多了。10年前，政府和健康倡导者开始敦促食品公司减少加工食品中的盐含量。其结果是，英国人在2011年吃的盐比2003年少了15%。研究人员称这已改善了心血管健康。确实，在同一时期，中风造成的死亡人数下降了42%，心脏疾病造成的死亡人数下降了40%。反对盐的论据似乎很清楚：少吃盐会更健康，但仍有一些科学家持怀疑态度。

我们吃的盐越多，身体中保留的水就越多。这会升高血压，至少到我们的肾脏把盐和水排出去之前是这样。那些将盐视为问题的人相信，它对血压的影响更为持久，而且如果长期摄入太多的盐，它将导致高血压甚至死亡。这也可以解释为什么降低盐的摄入量可减少心脏病和中风的死亡率。美国国家卫生研究院2001年发表的一份称为“抗高血压饮食疗法”（DASH-sodium）的研究被广泛引用，研究发现饮食中盐量低于对照组的参与者的血压显著偏低。这项研究成了许多妖魔化食盐的公共卫生声明的依据。基于“强有力的证据”，美国膳食指南将盐列为应该避免的食品榜首。

然而这些证据比美国政府所标榜的要弱得多。DASH研究只是许多考察盐的摄入量对健康影响的研究之一。但其他人的研究并未得出类似的结果。前文提到的英国2003年至2011年针对盐摄入量与健康的研究发现了相关性，但其他因素——例如吸烟率同时下降——似乎更有可能是健康结果改善的原因。2011年，审查医学证据的非营利组织考科蓝合作组织（Cochrane Collaboration）发表了两份考察和融合许多不同研究结果的“元分析”。第一个分析发现，减少盐的摄入量可降低血压，但结论是，这样做将减少过早死亡或降低心脏病发病率“证据不足”。第二个分析的结论更直截了当：“我们不知道低盐饮食让健康水平改善还是恶化了。”作者随后指出，“在超过150例随机对照实验以及13个人口研究后，并没有发现倾向于低盐饮食的明显信号，另一个可能接受的观点就是这样的信号并不存在。”

一些研究者甚至更进一步，称减少盐的摄入量实际上增加了死亡风险。人体需要一定量的钠；如果摄入钠太少，肾脏会分泌一种叫作肾素的酶，可导致高血压。一些研究发现，低钠水平与心衰风险增加相关。其他人认为低钠钾比可能是心脏健康的关键。这很大程度上取决于个人。证据尚无定论，然而公共卫生官员长期以来都在讲述盐和心脏病之间的联系，就好像它是事实一样。这种自信并无依据。避免英式早餐的理由有很多，但盐可能不是其中之一。

为什么太空中也有天气

在2016年3月，英国人享受了难得的盛宴——北极光，最南一直到牛津郡都可以看到它。这很不寻常，因为英国并没有那么靠北。追逐极光的爱好者通常不得不前往更北的地方，比如斯堪的纳维亚和冰岛，才能有比较大的机会看到极光。但对极光感兴趣的不只是爱好者，更有科学家——因为极光根本不是源于地球。它们是由地球磁场与来自太阳的带电粒子流相互作用造成的，也是所谓“太空天气”（space weather）最著名的例子。这个术语似乎本身就自相矛盾：太空是个出了名的空地方，它怎么可能有天气呢？

原因是，太空，特别是恒星和行星附近，仅仅是和行星表面相比比较空而已。它有风——无数来自太阳的带电粒子流。它还有风暴，形式可以是太阳耀斑——等离子体的大规模喷发将带电粒子喷入太空，或是日冕物质抛射，将太阳质量的一部分射入太阳系。如果把这个比喻扯得远一点儿，太空中甚至有和降雨有些类似的东西，即由灰尘和石块构成的云，我们从地球上看就是流星雨。

几乎在整个历史上，太空天气都是神秘的、偶尔很漂亮却和我们无关的东西。但随着人类成为一个航天物种，科学家和工程师们不得不更加认真地对待它的影响。太阳耀斑可以破坏卫星和航天器，如2002年日本“希望”号火星探测器就因太阳耀斑发生短路。国际空间站上的宇航员有特别的房间，以躲避耀斑造成的高强度辐射。但它的影响并不总是不好的：2005年，一个特别巨大的太阳耀斑实际上造成了地球轨道上辐射水平下降，因为电离气体云产生的磁场帮助来自太阳系外的破坏性宇宙射线转向了。

太空天气还可能对地面产生影响。引发极光的带电粒子也会有辐射。地面上的人用不着担心，大气层的厚度足以提供很好的保护。但对于现代飞机巡航的那种高度而言就是个问题了。如果有大的太阳耀斑爆发，跨极地航班（如欧洲到美国的航线）可能会向南偏离。太阳的脾气也可以扰乱电离层——大气中的这个带电层可以干扰无线电传输和GPS卫星广播的信号。1989年的地磁风暴（日冕物质抛射引起的地球磁场干扰）在魁北克电力网络中感应出了巨大的电流，导致数百万人断电9小时。比起地球上的天气，太空天气扰乱你生活的可能性比较低，但依然可能发生。

顺势疗法为什么是无稽之谈

随便走进一家保健品店，你都可能会看到它们：从咳嗽发烧到失眠哮喘，声称包治百病的顺势疗法药包。然而如果你把药的包装翻过来，它列出的成分可能会让你感到困惑。有些声称含有压碎的蜜蜂、荨麻甚至砷，还有乳糖、蔗糖等。美国人一年要在顺势疗法药物上花掉约30亿美元。他们到底怎么想的？

顺势疗法（hemeopathy）——字面意思是“类似的痛苦”——其历史可以追溯到18世纪末。德国医生萨缪尔·哈内曼（Samuel Hahnemann）对当时的药物评价不高，他是有理由的。医生用水蛭来放血，用热膏药烫起水泡然后排干。1790年，哈内曼发了一次烧，这改变了他的职业生涯。在吞下金鸡纳树皮的粉末后，他发现自己的体温上升。金鸡纳树皮含有奎宁，当时已知这可以治疗疟疾。哈内曼思考了这个事实：金鸡纳树皮似乎让他发烧，发烧是疟疾的一种症状，而金鸡纳树皮能治疗疟疾。他的逻辑随即做了一个杂技般的跳跃：药品能治疗病人，也能让健康人带上相同的症状。找到一种引发某种症状的物质，那它就可能治疗另一个人出现的这种症状。

哈内曼随后认为，成分应加以稀释并反复振荡，这个过程被称为“蓄力”。他认为活性成分的量越小，药力就越强大。顺势疗法使用各种不同的术语来传达其设想的效力。一个常见的标识是“NC”，其中C表示一种物质按1比100的比例稀释，N代表该物质被稀释的次数。所以200C意味着1克物质用100克水稀释，然后将这个过程重复200次。在这种稀释的程度下，用水来制药丸时基本上连一个原始物质的分子都找不到了，所以大多数顺势疗法的药丸全都是糖。然而，他们说水和药丸理应保持原始物质的“记忆”。

这完全是一派胡言。世界上最大的医学研究出资方，美国国立卫生研究院（NIH）指出，研究顺势疗法很难，因为一种药几乎没有或完全没有活性物质时，要检验它的疗效就很困难。研究人员既不能证实药中包含它号称包含的东西，也不能证明稀释药在体内的化学效应。最全面的顺势疗法综述于2005年发表在著名的医学杂志《柳叶刀》上。研究人员比较了顺势疗法和传统药品的实验。在规模更大、精心设计的实验中，他们发现“没有令人信服的证据”证明顺势疗法比安慰剂更有效。然而，在常规药物进行的类似实验中，药物体现了具体的临床效果。正如NIH冷冷地指出：“顺势疗法的几个关键概念与化学和物理的基本概念不符。”这么说算是客气的了。

为什么尸体短缺

死气沉沉、臭不可闻而又面目狰狞——尸体的需求量这么大真是个奇迹。但对于医学生而言，它们是不可或缺的学习工具。在19世纪，一些医学院校聘请了盗尸人来把死者挖出来。发现了循环系统的17世纪英国科学家威廉·哈维（William Harvey）解剖了自己父亲和姐姐的遗体。如今，采购过程变得更加文明，但医学院校经常抱怨尸体短缺。在美国，短缺是区域性的。亚洲和非洲的短缺情形则较为严重。每年差不多要死6000万人，为什么尸体会短缺呢？

日益增长的需求是问题的一个原因。医学生的数量在增加，使用尸体的课程项目也在增加。已有执照的医生也需要尸体来继续培训。研究人员和制药公司使用尸体来开发新的手术和治疗方法。诊所和医院也需要器官用于移植。一些尸体在塑化之后用于展出，有些则用于训练警犬发现灾害遇难者。还有些幸运的尸体会参加安全测试，开着车撞进墙。

然而供应却没有跟上。通信手段的进步意味着无人认领的尸体比以往要少了，这是尸体的来源之一。另一个主要来源——遗体捐赠的统计数据非常零散，但这种馈赠看起来并不稳定，在许多国家还依然是禁忌。比如，中国和中东地区对遗体十分尊重，使得遗体捐赠较为少见。让事情更为复杂的是，只有某些尸体适合医学研究。好的尸体一般来说比较年轻、整体完整，不过于肥胖或是充满疾病。不出所料，这种尸体供应有限。

人们也在考虑替代品。一些医学院校已经开始使用高科技模特、计算机软件和数字模拟器。但学生们说没有什么比得上真家伙。一种解决办法是付钱购买尸体。在大多数国家这都是非法的，但仍有市场力量在起作用。例如，在尸体完成了科学使命之后，学校一般会支付火葬或土葬的费用。至少一项研究表明，这些机构收到的捐赠有相关性增加。还有越来越多的公司将遗体捐赠者与接收方匹配起来。这些公司会收到遗体移除、保存和运输的服务费用。哈佛商学院教授米歇尔·安特比（Michel Anteby）称之为“有实无名的人类尸体市场”。

蜜蜂数量下降的背后隐藏着什么

近年来，蜜蜂大批死亡的报告越发频繁，也越发令人担忧。全世界的开花植物的花粉大多要搭蜜蜂的便车，蜜蜂由此成为全球粮食生产机器的一个组成部分。但蜜蜂的位置分布图显示其范围正在收缩，还在一批批地灭绝。对蜂房中出现大量蜜蜂死亡或蜂房突然被遗弃有大量的报道，这通常被称为蜂群崩溃综合征。蜜蜂肯定是在死亡——但这是为什么呢？又可能会带来什么后果呢？

对于这一威胁的表述有时并不正确：以重量计，我们所吃的食物中大约三分之二来自大米、小麦和玉米等支柱作物，而它们是靠风来授粉的，并不依赖昆虫；余下的三分之一包括水果和蔬菜、坚果、很多草药和香料、咖啡和巧克力，因此没有虫媒授粉食品的饮食会缺少许多养分，也会相当无趣。虽然蜜蜂是迄今为止最大的传粉者，人们常常误以为它们是一个统一的群体。事实上，蜂的种类大约有2万种，但只有少数是“蜜”蜂——就是那种关在蜂箱中，并作为一种商品培育、出售、交易的蜂，就像它们授粉的作物那样。其余都是野生的。虽然各地蜜蜂和野蜂的贡献比例差异很大，野蜂还是负责了全球大部分授粉，并且少数几种做了大部分工作。[1]所以蜜蜂数量下降并不意味着所有的蜜蜂授粉都受到威胁。尽管如此，一些作物，如杏仁的集约种植完全依赖于蜜蜂，因为没有足够的野蜂能够可靠并及时地完成这份工作。

集约农业似乎给蜂群提出了3个不同但相互关联的挑战。第一个很简单：在全球范围内，支撑蜜蜂生活的未开垦土地越来越少了。除了经济作物之外，农田中的一切都被消灭，所以这些作物不开花时，蜜蜂就没有花蜜做食物。许多开垦后的地区根本就没有留给蜜蜂的空间。第二个问题是蜜蜂疾病的传播。蜂巢被运到世界各地，与之一起传播的还有其携带的细菌、真菌和寄生虫，比如瓦螨。瓦螨受到很多关注，因为它可能是蜂群崩溃综合征的起因。虽然这些讨厌的东西都与特定的蜜蜂品种相关，但有些可以跨越物种屏障而威胁野蜂。第三，集约农业要用到许多种杀真菌剂、除草剂和杀虫剂。近年来，相对较新的“新烟碱类”农药引起了批评；虽然对这些化学品的研究结果不一让人困惑，但清楚的一点是，在一定的剂量下，与其他标准植物处理结合起来，“新烟碱类”对于蜜蜂可以是有害甚至是致命的。

最可能的情况是，对蜜蜂的威胁是各方压力造成的复杂结果。例如，最近的研究显示，微小剂量的“新烟碱类”化学品噻虫胺将对欧洲蜜蜂基本无害的病毒感染变成了一场致命浩劫。人们通常每次只研究一种用于农作物的化学品对蜜蜂的影响，而对于蜜蜂最终面对的海量组合却无人研究。和其他动物一样，在因栖息地丧失或食物短缺造成数量减少后，蜜蜂种群会更容易受其他威胁的影响。将一些土地退回野生条件是一个简单的解决办法，已经有了一些方案来奖励这样做的农民。限制蜂房的自由运输也许会帮助遏制病原体和寄生虫的蔓延。但对于特定的蜂房或区域，到底哪些问题的组合是罪魁祸首，以及是

1　2015年发表在《自然》杂志上的一项研究估计，80%的授粉都是由仅仅2%的蜜蜂物种完成的。

否存在某个原因引发了全世界的损失——仍将是个谜，除非有更多的研究来揭开这个棘手的谜团——而对于大部分都在自由漫游的研究对象而言，要做到这一点并非易事。

天文学家们怎么知道“暗物质”存在

天文学是所有科学学科中最令人惊叹的一个。远离文明造成的光污染，在一个真正漆黑的夜晚仰望星空，单单是宇宙中充塞的东西的数量就足以让你感到震撼。但现代天文学教授说，可以用肉眼看到的东西甚至还不到一半。天空中可以看到的东西有行星、彗星、恒星、星云、星系和其他物质，这些加起来还不到总物质数量的15%。天文学家们戏称其余的85%为“暗物质”，因为它既不吸收光，也不发出光。虽然他们确信它真实存在，但却对它没有任何直接的了解。科学家们为什么那么肯定这些看不见的东西的存在呢?

最简单的答案是，宇宙中的引力似乎太多了。科学家们能通过望远镜看到的东西还是太少太少了，无法解释诸如星系结构以及恒星运动等问题。尤其是星系旋转得似乎太快了，不能避免自己解体——至少从它们包含的可见物质的数量来判断是这样的。相反，看不见的暗物质造成的引力可能才是“宇宙胶水”。一个非常接近的类比就是19世纪时海王星的发现。人们在观察到海王星之前就预测到了它的存在：科学家们注意到离海王星最近的邻居——天王星的轨道并不太符合牛顿引力理论的预测。数学分析表明，假设太阳系中尚有未观测到的第八颗行星，这个问题就可以很好地解决，而这一分析的确促成了海王星的发现。同样，假设存在大量看不见的额外质量，就可以很好地解释宇宙的行为。

当然，还有另一种可能性。如果观测和理论不符，那可能是因为观测不完整，也可能是观测没问题但理论错了。也许重力在极大尺度上的表现和爱因斯坦相对论的预言不一样呢。有几位天体物理学家试图对引力理论做出调整以解释星系的运动。其中最著名的一个是由莫德采·米尔格若姆（Mordehai Milgrom）在20世纪80年代提出的，称为修正的牛顿力学（Modified Newtonian Dynamics，MOND）。不过，修正的牛顿力学可以解释某些观测结果，却难以解释一切。大多数天体物理学家认为，修正的牛顿力学对引力定律做出的调整混乱又不优雅，而物理学的一大奇妙之处就在于，优雅的规律（至少在过去）往往更接近事实。其他的观测结果也支持这种构想，即有很多东西我们就是看不见。其中主要的一项是宇宙微波背景辐射——即宇宙大爆炸的微弱余晖。如果暗物质确实存在，它就符合理论的预期。

因此，几乎所有的天文学家都相信一定还有大量其他物质存在。不过到底是什么物质就是另外一个问题了。其中一些可能是司空见惯的东西——没有恒星的行星、游荡的黑洞、衰老而冰冷的恒星核等。但最有希望的候选者是一种新型的亚原子粒子。它被称为大质量弱相互作用粒子（Weakly interacting massive particles，WIMP），人们认为这种难以捉摸的庞然大物只通过引力和弱核力与宇宙相互作用，而这两种力是四种基本力[1]中最弱的两个。和不易感知的中微子一样，大质量弱相互作用粒子也同样难以探测。许多实验都在寻找其存在的直接证据。然而迄今为止，所有的实验都是一无所获，而这个结果本身就很有意思。每个负面结果都缩小了大质量弱相互作用粒子存在的理论空间。大多数科学家都认为未来总有能够检测到它的一天。但如果接下来几十年的搜索依旧一无所获，那将是最令人兴奋的结果——因为这意味着我们对宇宙的了解甚至比我们自认为的还要少。

1 自然的四种基本力分别是强核力、弱核力、电磁力及万有引力。

为什么冥王星不再是一颗行星

2015年7月，美国国家航空航天局的太空探测器“新视野”号（New Horizons）完成了为期9年的冥王星之旅。它到达的是一个被降格的世界。当“新视野”号于2006年1月19日发射时，冥王星是离太阳最远的第九颗行星，也是唯一一颗从未有机器人探测器前往的行星。2006年8月24日，国际天文联合会（IAU）投票把冥王星从行星俱乐部踢了出去。整整一代学童因此会在成长时学习太阳系只有八大行星，而冥王星，就像谷神星、阋神星和鸟神星等天文陪榜者一样，仅仅是“矮行星”。为什么冥王星从行星俱乐部降级了呢?

直接原因是，在2006年国际天文学联合会会议上，冥王星没有满足大家首次正式同意的行星定义。天文学家们决定，为了有资格成为行星，这个天体必须运行在环绕太阳的轨道上（比如地球的卫星月球就不算行星，尽管它比冥王星还大）。它必须足够大，已在其自身重力作用下成为球形（这排除小行星和彗星等天体）。最后，它必须“清除其轨道”，要么把附近的天体吸收到自身，要么用其重力将它们踢到一边。这一定义试图体现一个直觉，即行星应当是太阳系中继恒星太阳之后最显著的特征。冥王星通过了前两个测试，但没有通过第3个。如今，冥王星很显然只是数以千计的“海王星外天体”（TNO）——在太阳系遥远的边缘巡回漂动的岩石和冰块中的一个。

当1930年首次发现冥王星时，它成为行星的论据似乎更强。起初，基于它对天王星和海王星轨道的推定影响，天文学家估计它的质量与地球大致相当。

对冥王星质量的估计之后被反复调低，先是调到了接近火星的质量，然后（在测量了冥王星的反射率后）又调低到了地球质量的1%左右。冥王星卫星（卡戎/冥卫一）的发现让冥王星的质量又被进一步修正。今天，普遍接受的冥王星质量是地球质量的0.2%左右。随着冥王星估计质量的下降，关于它是否应该算作行星的质疑声日渐增多。在海王星轨道之外发现其他类似大小的天体后，人们对这种质疑声就无法坐视不管了。2005年，美国加州理工学院天文学家迈克·布朗（Mike Brown）领导的团队发现了另一大海王星外天体阋神星。阋神星几乎和冥王星一样大（直径2370千米，冥王星直径2326千米），质量更比冥王星大25%左右。如果冥王星算作一个行星，那阋神星似乎没有理由不算。那谁知道在海王星之外的黑暗中还藏着多少像阋神星大小的天体呢？于是冥王星降级就成了顺理成章的事。

有些人反对，因为教科书要因此重写，墙上的挂图也会过时。但事实上这是一件好事。冥王星的重新定级恰恰是科学方法的公开示范：当新证据的出现颠覆了以前公认的观点时，科学会以事实为准，推翻广为接受的理论，而采纳对于宇宙更为准确的新认识。那些因对冥王星心怀依恋而对此事愤愤不平的人（这样的人还不少，包括一些专业的天文学家）在得知此类事件并非史上首次时也许会得到些许安慰。当最大的小行星谷神星（如今是矮行星俱乐部的另一个成员）在1801年被发现时，人们也认为它是一颗够格的行星。但后来人们发现它只是火星和木星之间运行的广阔而杂乱的岩石带（今天称为主小行星带）中最大的一块时，它的行星地位被撤销了。可以说，冥王星被踢出一个精英俱乐部（行星），却加入了一个标准更为严苛的团体——一度被称为行星的天体。

为什么天空是蓝色的

夏季意味着万里无云的蓝天，至少某些时候是这样。天空为什么是蓝色的呢?

对科学家来说，这个问题的答案相对简单：瑞利散射。当太阳发出的白光到达地球时，它会接触构成大气层的气体分子。这些分子主要是氮气和氧气，它们比可见光的波长要小，因此会让光发生散射。白光由不同波长的光组成，而自17世纪艾萨克·牛顿的棱镜实验以来，我们都认为它是由七种不同颜色的光谱构成的：红、橙、黄、绿、蓝、靛、紫。光谱紫色端的光波长较短而频率较高，它比红色端波长较长、频率较低的光更容易受到大气分子的影响。这种现象以19世纪发现它的英国物理学家瑞利男爵（Baron Rayleigh）的名字命名。天空呈现蓝色，是因为波长较短的光比波长较长的光散射更强烈，所以在我们仰望天空（而非太阳本身）时，射入我们眼中的散射太阳光主要是蓝色。

但这里有一个问题：并不是每个人都认为天空是蓝色的。1858年，曾在19世纪四度担任英国首相的威廉·格莱斯顿（William Gladstone）发表了一篇关于荷马的论文。他惊讶地指出，这位希腊诗人从未使用“蓝色”这个词。他使用的颜色词相当奇怪——他说大海“如葡萄酒般黑暗”，并说铁是紫色的，蜂蜜是绿色的。进一步的研究表明，《古兰经》、原始的希伯来语《圣经》、冰岛传奇故事和公元前1500年至公元前1000年写于印度的吠陀赞美诗都没有提到“蓝色”这种色彩，哪怕在谈论天堂时也不例外。直到今天，许多语言仍然没有一个词能够直接对应绿色和紫色之间的这一段光谱。俄国人可能称天空为голубой（浅蓝）或синий（深蓝），在日本，青（あお）可能指天空的颜色，但也可指苹果和草的颜色，纳米比亚的辛巴族（Himba）部落会把天空描述为zoozou，大致可以翻译为“暗色”，包括红色、绿色和紫色以及蓝色等色调。

这不单是一个学究式的翻译问题：证据表明，语言对人们理解世界的方式有巨大的影响。虽然听上去可能难以置信，对某一种颜色有特定的词汇可以将它与其他颜色区分开来，从而强化和放大人们对它的认知。没有这个词汇的话，你就没有那么容易感知它。为了证明这一点，科学家给辛巴族人看了一组彩色瓷砖，结果他们很难从一组11块绿色瓷砖中挑出1块蓝色瓷砖（不过和英国人相比，他们从偏松绿色的瓷砖中挑出黄绿色瓷砖要容易得多）。所以，虽然对英国人来说天空确实是蓝色的，那或许只是因为他们称其为蓝色罢了。

如何制作隐形斗篷

隐身是一个常见的叙事手法——你可能会说小说中这种情节已经司空见惯了。柏拉图曾经思考，让佩戴者隐身的盖吉斯之戒（Ring of Gyges）是否也会让正直的人道德沦丧？几千年后，托尔金的《魔戒》中也出现了类似的主题。仅仅几十年后，科学家们发明出了“变换光学”，它用不着魔法，只要一点数学就可以让物体不可见。这个想法现在已经和哈利·波特的隐身斗篷一较高下了，所以科学新闻中的“隐形斗篷”的例子比比皆是。但真实的隐形斗篷如何工作呢?

要看到一个物体，就要检测到入射到它上面再反射回来的直线光线，而看不到它正后方射来的任何光线。如果想让它不被看到，那就要阻碍这一过程：阻止物体散射光线，然后让其后面的光线通行无阻。一种简单做法就是在物体前面投射或显示其后方场景的图像——这种技术叫作“自适应伪装”，人们正在尝试用它来让坦克从战场上消失。但更迷人的例子使用了超材料——这种人造设备拥有尺寸可与光的波长相比的结构和腔体，可以精确地设计以完成天然材料所不能完成的变换光学魔法。

超材料中的微小结构可以用来让构成光的波四处反射，在各处叠加或抵消，使得光线在效果上绕过斗篷，再向着最初的方向继续行进。或者，超材料斗篷可以设计成精确逆转其隐藏物体的光散射和吸收效果：把斗篷与物体的外观叠加起来，对于光，也就是观察者而言，它看起来就像是什么都没有。不过到目前为止，这些方法只能在可悲的几种有限条件下起效。最引人注目的例子已经在电磁波谱中的微波段得到了验证，因为相比波长很短的可见光，在较长的波长下设计结构要容易一些。可见光波段的斗篷演示只能隐藏身材最矮小的巫师。就可以号称真正隐身的视角而言，这些原型也十分受限。如果换一个方向，隐藏的物体可能看起来就很明显。不过最重要的是，这些斗篷都很硬，其形状由数学给出，其隐形能力也要求形状保持不变。

这样说来，真实的哈利·波特斗篷仍然是一个遥远的可能性。幸运的是，变换光学背后的数学可以被用在别的地方。比如，超材料已被用于让无线电天线效率更高。其他波现象也可能受益。声音无非是一种压力波，较小的物体已经被成功地笼罩在静默中。利用类似技巧也可能从根本上改变音乐厅的声学特性或耳机的设计。地震也产生破坏性的波，对地震隐形斗篷的理论思考已经在法国变成了科学家和土木工程师之间的成功合作。他们证明了，在核电厂等大型机构周围钻上一组孔洞也许可以阻挡传入的地震波。把类似的想法放在海上，也许可以保护海上平台甚至海岸线免受海啸波侵袭。由此可见，了解如何隐形的潜在好处是显而易见的。

后记：

为什么解说文章广受欢迎

GO FIGURE

“我们正在为解说者寻求一流的解说者，来帮助读者了解那些帮助他们了解世界的人……虽然你的大部分时间都将用来为解说者创作解说文章，但你也会偶尔把其他解说者的解说文章汇集起来，创作解说者的解说文章的解说文章。”在博客平台Medium上的一个虚假招聘广告如是写道。然而它不只是一个玩笑：近年来“解说者”的职业急剧增加。几个暴发户网站——以Vox和FiveThirtyEight为首——试图把事物需要解说的想法变成一门生意。传统报纸也纷纷效仿：《纽约时报》有了“结局”（Upshot）专栏，《华尔街日报》会解释诸如“阿里巴巴是什么”的问题，并为读者提供“应该知道的5件事”等重要话题；《经济学人》在2013年启动了解说博客，本书的大部分内容都来自于此。然后还有解说网站之母——维基百科，它拥有超过287种语言的超过3100万篇文章，每一篇都是不同主题的初步介绍。如果你需要匆匆了解一件事，看看维基百科文章的头一两句话不是个坏的开始。为什么解说文章突然如此受欢迎？

将解说文章作为一种新闻形式的概念并不新奇。比如，纽约大学新闻学教授杰·罗森（Jay Rosen）在2008年的一篇博客文章中称“有些故事是除非我掌握了整体，否则任何部分都毫无意义”。他认为，解说者应创建“一个未来的报告可以攀附的思想脚手架”。

如罗森教授所说，对这样的“脚手架”的需求一直存在。但因为以前的报纸受到印刷空间的限制，这种需求主要是通过神圣的“文眼”（nut graf）——也就是简要概括故事大纲和背景的段落来实现。在虚拟世界中，解释的空间是无限的，需求也会更多——读者遭到更多、更碎片化的信息轰炸，如果不了解背景的话很难理解。在某种程度上，对于无休止的头条、帖子和推文这些大多数数字原生代赖以获得新闻的方式，解说者是一种回应。

因此，解说者还会留存下来。更棘手的问题是他们应采取什么形式。维基百科的条目开头就有一段摘要，但接下来可以很长、很细致。相反，Vox的解说者给出的则是一组简短的“卡片”。Upshot中的文章读起来像是深入的分析。《经济学人》的解说者则通常坚持四段式：引文、背景、解释和影响。和很多问题一样，可能并没有一个答案是最好的。在罗森教授的一节课上，他的学生甚至写了一首歌来启发听众。让解说者百花齐放吧。

贡献者

GO FIGURE

非常感谢《经济学人》“解说者”的以下原作者，以及绘制配套插图的艺术家和数据记者：

詹姆斯·阿斯蒂尔（James Astill）、瑞恩·阿文特（Ryan Avent）、哈米什·比雷尔（Hamish Birell）、莎拉·伯克（Sarah Birke）、艾米丽·博布罗（Emily Bobrow）、坦津·布斯（Tamzin Booth）、詹妮弗·布朗（Jennifer Brown）、杰弗里·卡尔（Geoffrey Carr）、斯拉维亚·詹科瓦（Slavea Chankova）、布鲁斯·克拉克（Bruce Clark）、蒂姆·克罗斯（Tim Cross）、乔西·德拉普（Josie Delap）、格雷厄姆·道格拉斯（Graham Douglas）、道格·道森（Doug Dowson）、理查德·安瑟（Richard Ensor）、盖迪·爱泼斯坦（Gady Epstein）、乔恩·法斯曼（Jon Fasman）、詹姆斯·弗兰山姆（James Fransham）、雷恩·葛林（Lane Greene）、罗伯特·盖斯特（Robert Guest）、洛基亚·吉福托普鲁（Loukia Gyftopoulou）、西蒙·海德林（Simon Hedlin）、埃文·亨斯（Evan Hensleigh）、艾玛·霍根（Emma Hogan）、夏洛特·霍华德（Charlotte Howard）、菲尔·肯尼（Phil Kenny）、索玛雅·凯恩斯（Soumaya Keynes）、阿布舍克·库马尔（Abhishek Kumar）、萨拉·利奥（Sarah Leo）、蕾切尔·劳埃德（Rachel Lloyd）、亚当·米亚拉（Adam Meara）、戴夫·麦凯维（Dave McKelvey）、马特·麦克莱恩（Matt McLean）、罗杰·麦克夏恩（Roger McShane）、萨查·诺塔（Sacha Nauta）、安德鲁·帕默（Andrew Palmer）、杰森·帕尔默（Jason Palmer）、约翰·帕克（John Parker）、劳埃德·帕克（Lloyd Parker）、索菲·佩德（Sophie Pedder）、查尔斯·里德（Charles Read）、比尔·芮哲思

（Bill Ridgers）、盖伊·斯克里文（Guy Scriven）、亚历克斯·塞尔比-博斯罗伊德（Alex Selby-Boothroyd）、简·肖（Jane Shaw）、路德维希·西格勒（Ludwig Siegele）、卡西亚·圣克莱尔（Kassia St. Clair）、斯蒂芬妮·斯图德（Stephanie Studer）、亚历山德拉·苏伊希（Alexandra Suich）、亚历克斯·特拉韦利（Alex Travelli）、汤姆·韦恩赖特（Tom Wainwright）、罗斯玛丽·沃德（Rosemarie Ward）、乔尼·威廉姆斯（Jonny Williams）、西蒙·赖特（Simon Wright）、杨缘（Yang Yuan）、韦德·周（Wade Zhou）。

欲了解更多“你不知道你不知道的事”，请访问Economist.com/econexplains和Economist.com/graphicdetail.